Michael Krüger

Der Gott hinter dem Fenster

Erzählungen

MIX
Papier aus verantwortungsvollen Quellen
FSC® C083411
www.fsc.org

Auflage:
4 3 2 1
2018 2017 2016 2015

HAYMON verlag
Innsbruck-Wien
www.haymonverlag.at

ISBN 978-3-7099-7191-8

Umschlag- und Buchgestaltung nach Entwürfen
von hœretzeder grafische gestaltung, Scheffau/Tirol
Umschlag: hœretzeder grafische gestaltung, Scheffau/Tirol
Satz: Da-TeX Gerd Blumenstein, Leipzig
Umschlagbild: Fritz Schwegler, Rheinfarbe, EN 1640 blau H;
Staatsgalerie Stuttgart, Graphische Sammlung © Foto: Staatsgalerie Stuttgart
Autorenfoto: Peter Hassiepen

Gedruckt auf umweltfreundlichem,
chlor- und säurefrei gebleichtem Papier.

„Ich habe nichts, wovon ich sagen möchte,
es sey mein eigen."
Hölderlin

Abschied

An dem Tag, als sein letzter Brief eintraf, eine in ein Kuvert eingelegte Karte, stand ich, nach einer fast schlaflosen Nacht, morgens lange am Fenster und starrte auf den Apfelbaum im Vorgarten, der gerade zu blühen beginnen wollte. Es sind die drei oder vier Tage im Jahr, die für mich trotz des häufigen Regens zu den kostbarsten gehören. Man selber schaut missmutig in eine abgearbeitete Welt, während der alte Baum aus seinem verstümmelten Körper mit Beharrlichkeit eine Blüte nach der anderen hervorpresst. Jedes Jahr wieder bettle ich darum, dass ihm diese Leidensfähigkeit erhalten bleibe, denn man sieht dem Baum an, welche Mühe es ihn kostet, noch einmal so zu tun, als könne er es mit all den jungen Gewächsen aufnehmen, die in den Nachbargärten schon angeberisch in voller Blüte stehen.

Ein leichter Wind kam auf, der mit schmaler Hand einen Teil der Blätter des Apfelbaums nach oben schlug, den anderen nach unten, bevor alle wieder in die Ausgangsstellung zurückschnellten. Wie beim Training, dachte ich, um die Elastizität der Stängel zu stärken. Seit davon die Rede war, dass die Bienen durch einen nicht erforschten Virus ausgerottet werden könnten, schaute ich jeden Morgen nach, ob sie mir die Ehre erwiesen, als letzte Handlung ihres Erdenlebens ausgerechnet in meinem Baum tätig zu werden. Aber sie waren noch nicht zu sehen, die Konkurrenz zog sie stärker an. Nur die Folgen dieses eigentümlichen Windes waren zu beobachten, der die Blätter in verschiedene Richtungen drehen konnte, als sollten sie seinen sonderbaren Launen applaudieren. Ich hatte mir schon oft vorgenommen, den Baum zu beschneiden, weil in seinem gekrümmten Geäst viel totes Holz stand und andere Zweige dabei waren, abzusterben, war aber immer wieder zu der Ansicht gelangt, es noch ein Jahr zu verschieben. Woher meine Hemmung kam, den offensichtlich uralten verkrüppelten Baum zu berühren, war Gegenstand einer langen Erörterung mit mir selber, wenn ich ihn morgens betrachtete. Ehrfurcht, Scham, die heiligen Dinge nach eigenen Vorstellungen zu trimmen – und was könnte heiliger sein als ein alter Apfelbaum in Blüte –, oder doch nur Faulheit oder, schlimmer, Gleichgültigkeit, denn eigentlich brauchte der Baum dringend einen Schnitt. In den letzten Jahren habe ich nie einen Apfel gepflückt, sondern nur die aufgesammelt, die im Gras lagen, und weil der Baum so alt und mürrisch und erschöpft ist, landen am Ende des Sommers fast alle Äpfel im Gras. Nur einige bleiben hängen, ausgerechnet in der Krone, wo die Vögel sie leicht erreichen, aber offenbar verschmähen, und manche haben den Ehrgeiz, den ganzen Winter im eigenen Geäst zu verbringen. Besonders gut schmecken meine Äpfel nicht, sie haben wenig Saft und wenig Süße, manchmal beiße ich nur hinein, um sie nicht achtlos liegen zu lassen, und werfe sie dann weg, mit schlechtem Gewissen.

Im Sommer sitze ich morgens vor der Arbeit mit meinem Kaffee eine Stunde lang unter dem Baum und lese. Das Leben verliert sein Gewicht, wenn man gleich nach dem Aufstehen, noch mit allen ungelösten Träumen im Gesicht, sich unter einen Baum setzt und liest. Auch ich gehörte früher zu denen, die zuerst einmal das Badezimmer aufsuchten, um im Spiegel zu prüfen, ob man sich noch erkennt, um dann das andere Gesicht, das sich nachts über das eigentliche gelegt hatte, wiederherzustellen. Das habe ich aufgegeben. Ich habe auch aufgegeben, mich mit der Klinge zu rasieren, um die Grimassen nicht mehr sehen zu müssen, die man zwangsläufig macht, um die Haare aus den Falten zu kriegen. Manchmal, mit dem Schaum im Gesicht, habe ich mich minutenlang wie erstarrt angeschaut, als könnte ich meinen Augen nicht trauen. Wer bist du, habe ich mich gefragt: der, der aus dem Spiegel schaut, oder der, der den anderen im Spiegel anglotzt? Es wollte mir nicht einleuchten, dass wir ein und dieselbe Person sind. Hier einer, der sich noch jung fühlt und gleich zur Arbeit aufbrechen wird, und dort einer, dem der Tod ins Gesicht gegriffen hat.

Ich bin Geschäftsführer eines Zeitschriftenvertriebs, der jede Woche Millionen mehr oder weniger wertloser Magazine verteilt, und obwohl es nicht zu unseren Aufgaben gehört, den Inhalt unserer „Produktpalette" zu kennen, stürzen sich alle Mitarbeiter wie närrisch auf die neuen Hefte, um etwas zu finden, was sie noch nicht wussten. Oft dauert die hektische Durchsicht nicht mehr als drei Minuten, und an den enttäuschten Mienen kann man ablesen, dass es vergeblich war. Neue Autos, neue Frauen, neue Urlaubsparadiese, neue Kochrezepte, aber wieder nichts dabei fürs eigene Leben. Wir sind sehr erfolgreich, Branchenführer im süddeutschen Raum, und seitdem wir eine neue EDV-Anlage haben, kommen immer mehr Kunden hinzu, zuletzt die führende Golfzeitschrift und das Segel-Magazin. Soweit ich weiß, spielt keiner in unserer Firma Golf oder segelt, aber alle waren außer sich vor Freude, sich nun kostenlos in die Geheimnisse von Golf und Segelsport einweihen lassen zu dürfen. Leider ist es mir unmöglich, den Vorzügen eines neuen Golfschlägergriffs oder neuer Golfschuhe etwas abzugewinnen. Ich erinnere mich, welche Überwindung es mich gekostet hat, die Zeitschrift auch nur aufzuschlagen, wie gerädert ich war, als ich sie endlich – unter den wachen Augen des Chefredakteurs – wieder zuschlagen durfte, und wie ich plötzlich mit einer Stimme, die mir nicht zu gehören schien, ausrief: Ein tolles Produkt, es ist uns eine Ehre, es vertreiben zu dürfen. Damit hatten wir sie. Die Golfzeitschrift gehört zu den Zeitschriften mit den wenigsten Remittenden, auch deshalb wird sie geliebt.

Im letzten Jahr habe ich jeden Tag Pascal gelesen, gewissermaßen heimlich, um meinen Kollegen nicht Anlass für Spott zu bieten. Sie halten es für eine milde Form von Idiotie, wenn einer sich mit Vergnügen philosophischen Fragen widmet. Ich habe mir angewöhnt, meine philosophischen Bücher, wenn ich sie – für die Mittagspause – mit ins Büro nehme, in Zeitungspapier einzuschlagen, damit sie vor den spöttischen Augen verborgen bleiben.

Ende des Monats hört meine Arbeit auf, dann beginnen die letzten Jahre meines Lebens.

Während ich am Fenster stand und mit banger Freude die dicken Knospen meines Apfelbaums betrachtete, begann ein leichter Regen zu fallen, fast ein Sprühregen, der sich auf der Scheibe sammelte, sich langsam verdickte und erst nach quälend langer Zeit beschloss, als Tropfen über die glatte Fläche nach unten zu rutschen. Ich war so mit der Tropfenbildung beschäftigt, dass ich nur am Rande den Briefträger wahrnahm, der unten auf dem Rasen die seltsamsten Bewegungen ausführte, um meine Aufmerksamkeit auf sich zu lenken. Aber die Tatsache, dass etwas (wie dieser Sprühregen), das man kaum sah, sich zu dicken Tropfen ballen konnte, die plötzlich wie bei einem Wettrennen über das Glas sausten, nahm meinen an diesem Samstagmorgen vielleicht nicht auf Sensationen erpichten Geist stärker gefangen als das zappelnde Gebaren des Zustellers. Er holte sich jeden Samstag einen Packen Zeitschriften ab, den er am Wochenende durcharbeitete. So informiert wie er war keiner auf der Welt, er wusste alles über alle, sofern es in den Zeitschriften erwähnt wurde.

Ich ging nach unten und öffnete ihm die Tür. Seit dem Verschwinden meiner Frau vergaß ich gelegentlich, die Tür abzuschließen, aber obwohl ich in einer sogenannten guten Gegend wohne und in vielen der Nachbarhäuser aus nachvollziehbaren Gründen gerne eingebrochen wird, hatte man mich – trotz der offenen Tür – bislang verschont. Oder die Einbrecher hatten nach einem Blick auf meine in Zeitungspapier eingeschlagene philosophische Bibliothek das Weite gesucht.

Erst jetzt sah ich, wie durchnässt der Zusteller war. Er zog sich die gelbe Regenjacke, Pullover und Schuhe aus, bevor er mir in die Küche folgte. Die Post hatte er, „weil ich nicht wusste, ob Sie mich überhaupt wahrgenommen haben, so somnambul, wie Sie dagestanden sind“, schon in den Kasten geworfen, wo sie, wegen eines Konstruktionsfehlers der Gartentür, der sich angeblich nur durch das Auswechseln der kompletten Tür beheben ließ, nass werden würde. Ich sah vor mir, wie das dünne Rinnsal den Schlitz passierte und Tropfen für Tropfen die Briefumschläge durchweichte, alle Rechnungen und Mahnungen und Aufforderungen zu mehr Beteiligung am Leben der Gesellschaft. Also musste er sich wieder anziehen und die Unglückspost in Sicherheit bringen, denn dass ein Unglück bevorstand, konnte ich seinem Gesicht ablesen. Da es in unserer Gegend mehr Regentage zu geben schien als an irgendeinem anderen Ort auf der Welt, gehörte es unter der Woche zu meinen wichtigsten täglichen Aufgaben, abends, nach der Arbeit, die nassen Umschläge von den ebenfalls nassen Inhalten zu lösen und auf dem Fußboden zum Trocknen auszulegen, damit ich ihre Botschaften entschlüsseln konnte. War ich einige Tage verreist, erübrigte sich dieses an alte schamanistische Praktiken erinnernde Ritual. Die Briefe waren dann so durchweicht, dass ich sie nur noch als ein einziges verklumptes Paket aus dem Postkasten heben und sofort der Papiermülltonne übergeben konnte. So blieb vieles in meinem Leben unbeantwortet. Es hatte mich bereits in einem Zustand erreicht, der eine ordnungsgemäße Antwort unmöglich machte. Dennoch war ich unfähig, diese während meiner Abwesenheit an Regentagen auftretenden Verluste zu bedauern, nicht zuletzt deshalb, weil die an den wenigen trockenen Tagen anfallende Post ausreichte, mein Bedürfnis nach Aufmerksamkeit zu stillen. Meine E-Mail-Adresse, ein Geschenk meiner Firma zum sechzigsten Geburtstag, hatte ich wegen Verstopfung des elektronischen Postkastens wieder abgeschafft, die Zumutung, hilfloser Empfänger von unerwünschten Annäherungen zu sein, beeinträchtigte mein seelisches Gleichgewicht. Man wird unmerklich ein anderer, wenn man sich auf diesen Pakt mit dem Teufel einlässt. Ich sehe mich noch, wie ich in der ersten Zeit morgens mit zitternder Hand das Gerät einschaltete, ich höre noch sein unternehmungslustiges Gesumm, wenn es sich glucksend auflud – und dann mein tiefer Fall in die Depression, wenn schon um sechs Uhr früh die Angebote, in Chicago an einem imaginären Spieltisch Platz zu nehmen, in Hongkong einer Penisverlängerung zuzustimmen und in Kenia reich zu werden, auf mich warteten. Meine Ohnmacht erfüllte mich zunächst mit Bekümmerung und Ruhelosigkeit, dann mit Zorn. Bis man sich das neu-englische Kauderwelsch in lesbare Sprache übersetzt hatte, waren Stunden vergangen, und am Ende, wenn man endlich alles im Papierkorb – der nie geleert wurde – verstaut hatte, fühlte man sich so gedemütigt, erniedrigt und ausgelaugt, dass man unfähig war, die wenigen an einen selbst gerichteten Nachrichten in korrektem Deutsch zu beantworten. Also wanderten auch diese in den gefräßigen Papierkorb. Und dann, am Abend, die Erkenntnis, dass es vielleicht doch höflicher wäre, wenigstens für den Erhalt zu danken, auch wenn man um Verständnis und Nachsicht bitten müsse ... Also fing ich an, wie ein Penner in der elektronischen Mülltonne nach bestimmten Nachrichten zu suchen, und wenn ich endlich die Zeilen fand, war ich zu erschöpft für eine wohlklingende und überzeugende Antwort. Ich war deshalb bis ins Mark erleichtert, als ich eines Tages die Kraft in mir spürte, meinen elektronischen Quälgeist zu entsorgen, und um nicht doch noch rückfällig zu werden, habe ich ihn kurzerhand und mit innerer Freude samt Festplatte und Drucker aus dem Fenster auf die Steinplatten geworfen und eine Woche im Regen liegen gelassen. Erst als ich dann an einem regenfreien Tag den Rasen mähen musste, habe ich das elektronische Gestell zwischen zwei dicken Placken Gras in der Bio-Mülltonne versenkt, ohne dass es einer gemerkt hätte. Und mit welchem inneren Jubel bin ich zu meinem Pascal zurückgekehrt!

Bleibt das Problem mit den Zeitungen. Der Zeitungszusteller wirft mir in der Regel vor sechs Uhr früh meine sechs Zeitungen in den Kasten, drei deutsche und drei fremdsprachige, die ich lese, um die Sprachen nicht zu verlieren. Wenn ich sie bei Regen, also an jedem zweiten Tag, gegen sieben Uhr dem Kasten entnehme, kann ich sie, außer am Sonnabend, erst am Abend, nach der Trockenphase, lesen. Bei starkem Regen und bei Gewitter sind die Außenblätter wegen der verschmierten Druckfarbe gar nicht mehr zu lesen, meine Lektüre beschränkt sich dann auf den Lokalteil und die Sportnachrichten. Natürlich habe ich mit dem Hersteller meiner massiven Metalltür, der seine Werkstatt aus Gott weiß welchen Gründen in Braunschweig betreibt, oft über den Einbau eines neuen Tores gesprochen, allerdings mit dem Ergebnis, dass dann praktisch auch die Hecke links und rechts von der Tür ausgewechselt werden müsste, von den Kabeln, die unter den Steinfliesen entlanglaufen, ganz zu schweigen. Er hat mir ein ums andere Mal mehr oder weniger unverblümt empfohlen, das seiner Meinung nach wenig ansprechende und in praktischer Hinsicht unmögliche Haus abzureißen, damit er mir („für den Rest Ihres Lebens") ein zeitgemäßes, wärmedämmendes „Superhaus" hinstellen könne, dessen Postkasten, „nebenbei gesagt", bei Wind und Wetter trocken bleiben würde. Ich habe mir dann, der Hausabrissdiskussionen müde, eine selbstgebaute Holzdachkonstruktion ausgedacht, die ich mit zwei Zwingen über dem massiven Tor angebracht habe, aber wieder entfernen musste, weil sie bei stürmischer Öffnung der Tür den Eintretenden hätte verletzen können. Es blieb und bleibt also vorläufig bei nassen Zeitungen. Andererseits notierte ich kürzlich aus Montaigne: Wer sich nur recht beobachtet, kann sich kaum zweimal in der gleichen Verfassung finden. Es besteht also noch Hoffnung, dass ich auch dieses Problem eines Tages lösen werde, wenn es mir gelingt, es aus einer anderen Perspektive zu betrachten. Wir haben uns – aus guten Gründen – über den Lauf der Weltgeschichte getäuscht, der weder geradlinig noch im Zickzack verläuft, sondern in unbarmherzigen Sprüngen, da wird es doch angemessen sein, auch den Lauf des Lebens nicht bestimmen zu dürfen, weil er eben – trotz der Erfindung von Gnade und Gerechtigkeit, trotz Reue und Zerknirschung, trotz aller christlichen Lebensregeln – nicht bestimmbar ist. Sollen die Zeitungen also Wasser saufen; das Sein ist der Schrecken.

Ich machte dem durchnässten Postboten auf meiner automatischen Lavazza einen Espresso, einen doppelten. Da er nach mir nur noch einen Klienten hat, einen ängstlichen, esoterisch angehauchten Professor für Pädagogik, der allein mit zwei Katzen lebt und glücklich ist, wenn er keine Post von erbosten Eltern erhält, konnte der Postbote ohne beamtenrechtliche Konsequenzen in meiner Küche ausruhen und über seinem Kaffee als lebende Zeitung tätig werden. Da er ein heller Kopf war, fiel es ihm leicht, zu Synthesen zu kommen. Die täglich bei Herrn Eberhard – meinem Hauptfeind in der Straße – eintreffenden Briefe vom Finanzamt kommentierte er mit dem Satz: „Herr Eberhard hat jetzt schon mehr Vergangenheit als Zukunft – obwohl er zwanzig Jahre jünger ist als Sie." Der Postbote musste einen Brief nur in die Hand nehmen und mit Daumen und Zeigefinger prüfen, schon wusste er das Schicksal des Empfängers voraus. Meist waren es böse Nachrichten, die er erspürte, was, nach seiner eigenen Auskunft, nichts mit einer besonderen Fühlung für Unglück zusammenhing, sondern – und darüber konnte er lange wie ein Meister dozieren – mit der Post an sich. Wenn man all das mit Hilfe der Post übermittelte Unglück ungeschehen machen könnte, so seine Meinung, würde Europa heute zukunftsfroher aussehen. „Denken Sie nur an die Millionen von Todesanzeigen, die im 20. Jahrhundert ausgeteilt worden sind! Das Finanzamt! Die Reklame! Die Menschen sind Objekte von Suggestion, sie ziehen das Unglück postalisch an – und ich bin der Überbringer der schlechten Nachrichten!" Er vertrat die Ansicht, dass die wenigen guten Nachrichten, die überhaupt noch existierten, zunehmend telefonisch übermittelt würden, vom großen Lottogewinn bis zur zündenden Idee, wodurch das Unglück, das er täglich zu transportieren habe, noch schwerer wiegen würde. „Kälte und Geiz, das ist es, was ich mit mir herumschleppe!" Ich mochte sowohl seinen Pessimismus (der mich beständig reizte, unserer Existenz etwas Positives abzugewinnen, was schwer genug war) wie seinen Pragmatismus, von dem das ganze Haus profitierte. Wenn er lange genug seine Verfluchungen durchhielt, wurde mein Atem freier. Aber am meisten bewunderte ich doch seine Fähigkeit, geschlossene Briefe zu lesen! „Habe ich einmal im Monat einen Liebesbrief in der Hand, schlagen meine Finger aus wie eine Wünschelrute“, aber er konnte mit ebensolcher Sicherheit sagen, wenn ein Abschied im Kuvert steckte.

Wir kannten uns nun acht Jahre, seit dem – unangekündigten – Verschwinden meiner Frau. Seither lebe ich allein in dem alten Haus. Die vielen Echos, die sie hinterlassen hat, narren mich beständig, und manchmal bin ich drauf und dran, selber in einen pathologisch eindeutigen Zustand zu rutschen. Seit ich sie kannte, hatte sie unter überfallartigen Depressionen gelitten, die so schlimm sein konnten, dass sie die Arbeit in ihrer Galerie für Kunst unterbrechen musste, aber es waren eben nur Überfälle, die unser alltägliches Leben unterbrachen. Und dann ihr Verschwinden, aus heiterem Himmel, an einem regenfreien Junitag vor acht Jahren. Manchmal sehe ich, wenn ich heimkomme, ihren Schatten über die Hauswand laufen und verstehe dann auch die Sätze, die sie mir damals gesagt hat. Und natürlich hängen auch noch alle ihre Kleider im Schrank und ihre Mäntel unten an der Garderobe, die ich, wenn es regnet, gelegentlich anfasse, um zu prüfen, ob sie nass sind. Und manchmal sehe ich auch den Ausdruck von Überdruss auf ihrem Gesicht, wenn ich zu lange und zu pedantisch von meinen Lektüren berichtet hatte. Es ist eines, die Philosophen zu lesen, aber es kann peinigend sein, die Gedanken dann wiederzugeben, ohne dass Konsequenzen sichtbar werden. Wenn alles wahr werden würde, was die Philosophen über den Menschen gesagt haben, sagte sie manchmal, würden wir nicht mehr existieren.

Auf ihrem Arbeitstisch liegt, immer noch aufgeschlagen, ein Katalog mit den Selbstporträts von Rembrandt, in dem sie vor ihrem Aufbruch gelesen hatte, und ich setzte mich, wenn ich nichts anderes zu tun hatte, auf ihren Stuhl und sah mir die Bilder an. Was kann einen Menschen bewegen, sich in Abständen immer wieder selbst zu malen, um immer wieder festzustellen, dass ein anderer auf der Leinwand entsteht? Es fehlt ja das letzte Bild, in der Sekunde des Todes gemalt, das die verschiedenen Bilder, die man von sich gemacht hat, korrigieren könnte. Rembrandt schaute mich an, nicht umgekehrt. Er schaute mich so durchdringend an, dass ich aufsprang und das Weite suchen musste.

Der Postbote, der nach und nach von einem Bekannten zu einem distanzierten Freund geworden ist, kommt zusätzlich jeden Samstag, wenn ich nicht auf Reisen bin, für ein paar Stunden vorbei, um nach dem Rechten zu sehen. Er sieht sich im Haus und im Garten um, und manchmal, wenn er Zeit hat, kocht er sogar. Einen Schlüssel zum Haus will er nicht haben, er weiß aber, wo er in der Garage zu finden ist – für alle Fälle, wie er sagt, und natürlich weiß ich, was er damit meint.

Heute war nichts zu tun. Er prüfte die Ölvorräte, reparierte den Toaster und pumpte das Fahrrad auf, dann kam er wieder zu mir in die Küche, wo ich, den verschlossenen Brief immer noch in den Händen, aus dem Fenster starrte. Er wusste natürlich, was in dem Brief stand, und ich konnte es an seinen Augen ablesen.

Um mich abzulenken, erzählte er mir, dass die Frau aus dem Haus Nummer zwölf vorzeitig aus der Haft entlassen worden war.

Die sogenannte Kindesmörderin, die bis zuletzt ihre Unschuld am Tod ihrer Tochter beteuert hatte, hat es also zurückgeweht, es mussten mindestens drei Jahre vergangen sein, in denen ich sie nicht gesehen habe. Fünf Jahre lautete das Urteil, aber offenbar hat man ein Einsehen gehabt. Die Augen der Mörderin, hatte eine Boulevardzeitung geschrieben, deren Namen ich nicht in den Mund nehmen will, und ein Augenpaar gezeigt, unter dem auch hätte stehen können: Die Augen der Nobelpreisträgerin oder die Augen der Staatsanwältin, und eigentlich hätte die Zeile lauten müssen: Die Augen einer todtraurigen Mutter, oder nur: Die Augen einer Mutter. Aber diese Gangster, die sich als Journalisten maskieren und täglich kübelweise Scheiße über dem Land ausschütten, diese von aller Gesellschaft akzeptierten und von den Politikern gefürchteten Verbrecher hatten ein tief bestürztes Augenpaar aus dem mageren Gesicht herausgeschnitten, zwei dunkle Löcher, durch die das Elend in den Körper gerutscht sein musste, und hatten mit fetten Buchstaben darunter geschrieben: Die Augen der Mörderin. Damals war ich so empört gewesen über die Art und Weise, wie diese journalistischen Dreckschleudern mit einem Menschen umgingen, der sich nicht wehren konnte, dass ich im ganzen Viertel die Plakate mit den Augen von den Zeitungskästen gerissen und die Zeitungen selber gestohlen und in den Müll geworfen hatte. Wenn täglich in Deutschland diejenigen, die sich nicht wehren können, diese sogenannte Zeitung in die Abfalltonne stopfen würden, hätten die Besitzer dieser sogenannten Zeitung vielleicht ein Erbarmen, aber das Gegenteil ist der Fall: Diejenigen, die sich nicht wehren können und die von dieser sogenannten Zeitung tagtäglich verhöhnt werden, lesen die Zeitung und lassen sich offenbar gerne verhöhnen, und die Politiker, die sich aus Angst vor dieser Zeitung im Parlament öffentlich in die Hose machen, veröffentlichen ihre schönen Gedanken am liebsten in dieser sogenannten Zeitung oder lassen ein paar Worte fallen, die von den Gangstern dieser Zeitung, die sich als Journalisten ausgeben, für Reklamezwecke benützt werden. Ich nahm mir vor, die Frau aufzusuchen oder sie einzuladen, war mir aber sicher, es doch nicht zu tun.

Nun lag also seine letzte Nachricht vor mir, eine zerknitterte Karte in einem Briefumschlag, die letzte Botschaft von meinem Bruder Hans, der nicht mein Bruder war.

An einem Sonntag im August 2008 habe ich ihn zum letzten Mal gesehen. Er kam, um sich Schnürsenkel auszuleihen. Mit einem drohenden Gesicht hatte ich die Tür aufgerissen, weil ich diese frühe Störung auf keinen Fall durchgehen lassen wollte, ich war sogar zur Tür gestürzt und bereit gewesen, durch den Vorgarten auf die Straße zu laufen, um – nach ich weiß nicht wie vielen Störungen in den vergangenen Monaten – den oder die Übeltäter dingfest zu machen, aber da stand er und fing mich und meine Wut auf und fragte mich nach braunen Schnürsenkeln.

Wir stiegen also hinunter in meinen Keller – genau genommen in meine sogenannte Höhle, weil ich in den vier Kellerräumen neben dem Wein alle Papiere und Bücher aufbewahre, die irgendwann einmal gegen mich verwendet werden können – und suchten an diesem schönen, wenn auch kühlen Sonntag im August braune Schnürsenkel. Ich bot ihm schwarze Schnürsenkel an, aber er bestand auf braunen. Und wenn möglich breite, da er sie für seine Bergstiefel benutzen wolle. Gegen die schmalen Schnürsenkel, wie sie im Moment „im Angebot waren“, wie er sich ausdrückte, brachte er seltsame Verwünschungen vor, weil sie angeblich nicht mehr, wie früher, aus einem Stück gefertigt waren, sondern aus einem dünnen, fadenähnlichen Innenteil und einem etwas sichereren Mantel bestanden. Ist der Mantel hin, kannst du die Schnürsenkel vergessen, sagte er mit versteinerter Miene, während wir die Schnürsenkel meiner Schuhe prüften, wie überhaupt sein grundsätzliches Zutrauen zu modernen Gebrauchsgegenständen nicht besonders ausgeprägt war. Alle Gebrauchsgegenstände, könnte man seine Ansichten, wie ich sie über die Jahre aus seinem Mund gehört habe, verallgemeinern, waren eigentlich hergestellt worden, um China zur Weltmacht zu befördern. Wo bitte, rief er dann aus, hast du in Europa je eine Schnürsenkelfabrik gesehen, in der die Schnürsenkel nach alter Art hergestellt werden? Er redete sich über den lächerlichen Schnürsenkel so in Rage, dass er mir mühelos die Nutzlosigkeit und Hinfälligkeit unseres Kontinents vor Augen stellen konnte, während er die schlauen Chinesen über den grünen Klee lobte, die uns angeblich durch ihre monopolartige Position in der Schnürsenkelproduktion dazu zwangen, jeden Monat neue Schnürsenkel zu kaufen, während früher die europäischen Schnürsenkel – denk nur mal an Budapest, eine Hochburg dieser Branche – ein Leben lang hielten. Es hätte unsere intensive Suche nicht beschleunigt, wenn ich versucht hätte, mit ihm sachlich über das Problem zu reden. Er wollte Recht haben und Recht behalten. Immer.

Schließlich hatten wir sämtliche braunen Schnürsenkel, die noch so einigermaßen haltbar aussahen, aus den Ösen gezogen und die Schuhe, die nun einen ganz verlorenen Eindruck machten, zurückgestellt. Ich werde sie nie wieder anziehen, schoss es mir durch den Kopf, ich werde nie wieder Schnürsenkel durch diese Ösen ziehen und in den Schuhen laufen. Wir hatten die Schuhe wertlos gemacht, erst jetzt sahen sie aus wie echte, nicht mehr benützte Schuhe, und wenn Hans nicht gewesen wäre, hätte ich sie am liebsten mit nach oben genommen und in den Müll geworfen. Aber als hätte Hans meine düsteren Gedanken erraten, sagte er – der ja hoffentlich nicht wusste, dass er nie wieder an meine Tür klopfen würde –, er würde nach seiner Reise neue Schnürsenkel kaufen und auf diese Weise die alten Schuhe wieder „ansehnlich“ machen.

Einen Kaffee lehnte er ab.

Mit seinem großen, von Altersflecken übersäten Gesicht und den mächtig abstehenden Ohren stand er in meiner Küche, die Schuhbänder in der linken Hand, die rechte verkrallt im oberen Rahmen der Küchentür.

Und sonst?

Ich möchte diese Nachrichten nicht mehr lesen, sagte er und wies mit dem Fuß auf die Zeitung, die ich auf den zweiten Küchenstuhl gelegt hatte. Nie mehr. Dann murmelte er einen Abschiedsgruß, drehte sich um und verschwand.

Ich weiß noch, dass ich die Zeitung, die ich eigentlich schon gelesen hatte, noch einmal in die Hand nahm und nachschaute, wie die Schlagzeilen lauteten. In diesem Fall hatte er tatsächlich Recht, es war nur von Mord und Totschlag die Rede, von verrückt gewordenen Präsidenten im Kaukasus und in Moskau, von Entführungen und Verschleppungen, von Soldaten, die auf Minen getreten waren, und von Krisen in der Ökonomie, von Schlammschlachten im Theater und einem Greis, der sich in Bayreuth verbissen hatte und nicht mehr loslassen wollte, gar nicht zu reden von einer tief beleidigten Natur, die den Erdball voller Verachtung mit mörderischen Stürmen überzog. Mir war bei der ersten Lektüre gar nicht aufgefallen, dass die Zeitung ausschließlich aus Nachrichten und Kommentaren bestand, die einem das Fürchten lehren wollten. Ich hatte sie wohl einzeln wahrgenommen, aber nicht als Gesamtheit. Dass Präsidenten verrückt wurden, war ja keine Besonderheit; dass Greise nicht loslassen können, steht in jedem Lehrbuch; dass das Theater ins Schlammfach gewechselt war, beunruhigte keinen mehr; und dass die Haushalte nicht in Ordnung waren, lernte man inzwischen in der Schule: Obwohl wir immer mehr Steuern zahlen, nehmen wir ständig irgendwem etwas weg, bezahlen hieß berauben.

Ich verstand, dass er diese Nachrichten nicht mehr lesen wollte, aber mit welcher Konsequenz er seinen Vorsatz in die Tat umsetzen wollte, war mir nicht klar. Auch Hans gehörte zu denen, die reagierten, Reflexe zeigten, Meinungen hatten; er lief nicht vorneweg, sondern hinterher und schimpfte über den Fortschritt oder besser das Fortschreiten, das man sich mit geometrischen Figuren gar nicht vorstellen mag, ein wüstes Zickzack, ein Durcheinander, eine chaotische Bewegung – aber diese Bewegung war stets vorn, man selber hinten, atemlos. Und gelegentlich drehte sich der Fortschritt für eine Sekunde um und blickte in die vom schnellen Laufen erhitzten und abgekämpften Gesichter, als hätte er noch nie etwas so Hässliches gesehen.

Zu Hause wurde mit einer Entschiedenheit nicht darüber geredet, wie er in unsere Familie gekommen war, dass wir Kinder zu dem Ergebnis gelangen mussten, es dürfe nicht über ihn geredet werden. Es war nicht einmal genau herauszufinden, wann er Mitglied unserer Familie geworden war, denn als ich, aufgewachsen bei meinen Großeltern, zu unserer Familie stieß, gab es ihn schon, und da meine Geschwister keinerlei Anstalten machten, mich über den unerwarteten Gast aufzuklären, ließ ich bald alle Fragen sein. Ich wurde ohnehin nicht für würdig befunden, in die tieferen Geheimnisse unserer Familie eingeweiht zu werden, man behandelte mich eher wie einen Gegenstand, den man bei Bedarf strategisch einsetzen konnte, der aber in der Regel einen bestimmten Platz in einer Ecke des Wohnzimmers hatte, wo er nicht weiter auffallen durfte. Meine Schwestern hatten mich für ihre ersten Liebesabenteuer als Boten abgerichtet, eine diskrete Mission, für die ich mich gern zur Verfügung stellte, weil die täppischen Liebhaber auf diese Weise wussten, dass ich wusste, und mich dementsprechend höflich behandelten, mit einer gutmütigen Ironie allerdings, die mich wiederum beschämte. Trotz meiner Erfolge als Liebesvermittler an den strengen moralischen Grenzen unserer Eltern vorbei, blieb mein Status im Familienverband prekär. In der Hierarchie, die ich vorfand, stand ich an letzter Stelle, Hans weit vor mir, obwohl er doch eigentlich einen Platz außerhalb besetzen sollte.

Meine Eltern sprachen nur das Nötigste mit mir, ihre ganze Energie erschöpfte sich darin, das tägliche Leben im aufkeimenden Wirtschaftswunder zu organisieren, am Abend waren sie zu müde, um sich meine Fragen auch nur anzuhören. Das können wir immer noch besprechen, war eine Antwort, die sich wie ein Leitmotiv durch meine Kindheit zieht. Ich will damit nicht sagen, dass ich meine Kindheit als trostlos empfand. Im Gegenteil, ich fühlte mich auf eine ganz neutrale Weise ausgeschlossen und bildete mir ein, durch diese Nichtbeachtung an Sehschärfe zu gewinnen.

An den Wochenenden beschränkte ich mich darauf, in meiner Ecke hocken zu bleiben, weil die gesamte Familie sich dem Sport verschrieben hatte, auf eine ausschließliche, geradezu fanatische Weise, die mich im Innersten abstieß. Jeder Kummer, der sich in unsere Familie schleichen wollte, und es gab außer den missglückten Liebesabenteuern meiner Schwestern eine Reihe von Kümmernissen, wurde an den Wochenenden mit Völkerball, Kanusport und Hockey regelrecht ausgemerzt. Wohl ahnte ich, dass eine solche Inbrunst, Bälle zu werfen oder Ruder zu schwingen oder einem winzigen Ball hinterherzulaufen, etwas mit Unreife zu tun haben musste, aber ich konnte es noch nicht aussprechen. Denn natürlich war es ein

Ausdruck dieser Unreife, dass über die Herkunft von Hans nicht geredet wurde, während es ein leuchtendes Zeichen von Reife war, dass Hans selber seinen Fall nicht auf den Tisch brachte. Entweder war er eingeweiht und sollte schweigen, oder er wusste nichts über seine Herkunft und wollte dieses Nichtwissen nicht aufs Spiel setzen.

Am Abend jedenfalls, wenn die Familie sich um den Esstisch versammelt hatte, sah man den erhitzten Gesichtern an, dass alles wegradiert worden war, was ihr gutes Leben hätte beeinflussen können. Strahlend wurde von Bestzeiten geredet, von eingeschossenen Bällen und anderen Heldentaten, sodass man den Eindruck gewinnen musste, der Sport würde nur Gewinner produzieren.

Nur von Hans wusste man nicht, welcher Sportart er nachging, wenn er am Samstag mit seinem Rucksack verschwand und am Sonntag zurückkehrte, als sei nichts gewesen. Ein Mannschaftssport konnte es nicht gewesen sein, denn Hans, um es vorsichtig auszudrücken, liebte die Menschen nicht besonders. Berührungen ging er aus dem Weg, wo er nur konnte, eine Eigenschaft, die er bis ins Alter mit Hingabe pflegte. Er gab bei Begrüßungen nur gezwungenermaßen die Hand, was oft zu peinlichen Situationen führte, wenn eine Hand, lange ausgestreckt in der Luft stehend, erst in dem Moment ergriffen wurde, als sie sich beleidigt zurückziehen wollte. Wenn Hans ein volles Lokal verlassen musste, wäre er am liebsten mit einem Satz über Menschen und Tische hinweg zur Tür geflogen, da ihm dieses Vermögen aber nicht geschenkt war, bellte er laut wie ein aggressiver Köter, um einen Weg ins Freie zu erkämpfen. Tatsächlich habe ich nie gesehen, dass er meinen Vater oder meine Mutter umarmt hat, wie ich allerdings auch nur die linkischsten Versuche seitens meiner Eltern, Hans zu umarmen, in Erinnerung habe. Kaum hatte meine Mutter einmal die Gelegenheit genutzt, Hans von hinten zu umgreifen, ließ er sich auf die Erde sinken, und als mein Vater ihm zur Verleihung einer Medaille des Deutschen Tierschutzbundes wegen der Errettung eines Hundes gratulieren wollte, schlug seine Hand, die die Schulter treffen sollte, ins Leere. Ich gehöre ja noch zu einer Generation, die ihre Eltern nie unbekleidet gesehen hat, und auch wir haben uns nur widerwillig den Augen unserer Eltern ausgesetzt. Umso peinlicher war eine Begebenheit, an die ich mich in jeder Einzelheit erinnere. Hans zog eines Tages sichtbar ein Bein nach, und als alles Fragen mit dem Hinweis abgetan wurde, er habe sich beim Sport verletzt, entschied sich mein Vater nach einer Woche für einen Überfall: Vor allen Geschwistern wurde der wild um sich schlagende Hans von meinem Vater auf dem Sofa festgehalten, während meine Mutter ihm ungerührt mit einem einzigen Rutsch die Schlafanzughose herunterzog. Tatsächlich hatte sich über der Hüfte eine eigroße Eiterbeule gebildet, die sofort operiert werden musste. Ich werde nie vergessen, mit welcher Aufmerksamkeit sich meine Schwestern über das bläulich gespannte Hautstück beugten, aber bei dieser Gelegenheit natürlich den ganzen Schambereich ins Auge fassten. Was für ein schrecklicher Anblick! Eine ganze Familie hatte die Besinnung verloren, andererseits wurde Hans gerettet, denn wenn die Blase gewachsen und geplatzt wäre, hätte ich einen Bruder, der nicht mein Bruder war, weniger gehabt.

Wenn mein Vater Hans fragte, wie der Wettkampf gewesen war, kam mit größter Regelmäßigkeit die Antwort: Wir haben gewonnen, als sei damit der Kern seiner Freizeitbeschäftigung ausgedrückt. Wurde dagegen ich gefragt, log ich leise vor mich hin, denn da von mir keine substantielle Antwort zu sportlichen Fragen erwartet wurde, war ein Gemurmel bereits ausreichend, was mein Vater oft genug mit dem Seufzer kommentierte: Hoffentlich hast du uns nicht blamiert. Wenn aber aus Zerstreutheit oder anderen Gründen doch einmal nachgefragt wurde, wie ich mich ausgezeichnet hätte, antwortete Hans für mich, ich sei mit ihm zusammengewesen, das genügte.

Aus solchen winzigen Begebenheiten wusste ich, dass Hans auf meiner Seite war, ohne dass darüber lange geredet werden musste. Es klingt nur übertrieben, wenn ich sage, dass Hans der einzige Mensch auf der Welt war, auf den ich mich verlassen konnte. Vielleicht ist das pathetisch. Tatsächlich gab es nur meine Großeltern, zu denen ich ein unbedingtes Vertrauen hatte, aber sie lebten in einem Teil Deutschlands, der nur postalisch zu erreichen war, und in den Briefen an sie konnte ich nichts anderes sagen, als dass es mir gut gehe und ich mit etwas mehr Fleiß die Versetzung schaffen würde. Zu meinen Klassenkameraden konnte ich kein Verhältnis aufbauen, das Freundschaft zu nennen wäre, sie waren mir fremd, manche von ihnen so fremd, dass ich sie nur stumm anstarren konnte.

Hans dagegen hielt zu mir, wenn ich mit katastrophalen Noten nach Hause kam, er verteidigte mich vor den Geschwistern, deren Forderungen ich nicht erfüllen konnte, und nahm Schuld auf sich, wenn ich etwas verbockt hatte. Zu unserem nie offiziell besiegelten Bund gehörte es, dass ich ihn nicht danach fragte, woher er eigentlich komme und welches Schicksal – ein Wort, das ich damals liebte und so häufig wie möglich gebrauchte – ihn ausgerechnet in unsere Familie geweht hatte.

Nach Beendigung der Schule habe ich meine Familie nur noch selten gesehen, und ich hatte auch nie den Eindruck, dass sie unter dieser Trennung gelitten hätte. Meine Schwestern heirateten reich und wurden unglücklich, meine Brüder heirateten arm und wurden reich, als unser Vater ihnen die Firma übergab, die sie zu einem weltweit operierenden Pharmaunternehmen ausbauten und einige Jahre später an einen amerikanischen Konkurrenten verkauften. Sie sammelten gegen den Widerstand ihrer Ehefrauen, die sich für Malerei interessierten, Konzeptkunst und Minimal Art in rauen Mengen, und als sie sich am Ende fühlten, zwangen sie den Bürgermeister der Stadt, im Westen, wo sie in ihren Villen lebten, ihnen ein Museum zu bauen und zu unterhalten, obwohl sich damals schon keiner mehr für diese subtile Kunst begeistern konnte. Ich habe das Museum nach dem Tod meiner Brüder einmal besucht, an einem Vormittag im März, und war, neben den Wärtern, die die dünnen Striche bewachen sollten, der einzige Gast gewesen. Ich erinnere mich, dass es mir peinlich war, meinen Freiausweis, den mir die Brüder zu einem runden Geburtstag geschenkt hatten, an der Kasse vorzulegen, weil ich fürchtete, als Familienmitglied erkannt und für das Desaster verantwortlich gemacht werden zu können. Im Museumscafé bestellte ich einen Käsekuchen und durfte von der schläfrigen Bedienung erfahren, dass sie schon drauf und dran gewesen sei, den Kuchen wegzuwerfen, weil sich seit Tagen keiner dafür interessiert habe.

Mir wurde nicht einmal angeboten, in die väterliche Firma einzutreten. Natürlich hatte ich nie einen Hehl daraus gemacht, für die Herstellung und den Vertrieb von Schmerzmitteln kein gesteigertes Interesse aufzubringen, war dann aber doch erstaunt, mit welcher Selbstverständlichkeit ich sogar von meiner Mutter übergangen wurde, als sei ich weder berechtigt noch in der Lage, mich in Familienentscheidungen einzumischen. Ich machte und mache meinen Eltern keine Vorwürfe, aber das Staunen darüber, dass den Brüdern alles, mir aber nichts zugetraut wurde, hält an. Immerhin erhielt ich meinen Pflichtteil. Nach einem die Grenzen der Dummheit oft überschreitenden Studium der Betriebswirtschaft nahm ich lustlos verschiedene Jobs an, bis ich beim Zeitschriftengrosso landete und ihm treu geblieben bin. Ob aus Lustlosigkeit oder aus Mangel an Phantasie, kann ich nicht sagen.

Als meine Geschwister mich nach dem Tod der Eltern aufforderten, mir ein oder zwei Möbelstücke und einige Teller und Vasen zur Erinnerung auszusuchen, lehnte ich ab. Auch meine Kindersachen ließ ich zurück. Dagegen nahm ich eine Fotografie mit, auf der die ganze Familie bei einem Urlaub auf Sylt zu sehen ist, nur ich fehle, aus Gründen, die ich vergessen habe. Das Foto zeigt eine Familie, die es im Nachkriegsdeutschland zu etwas gebracht hat, in Farbe, im Hintergrund glitzert das Meer, als gehöre es zum Eigentum dieser strahlenden Gruppe von Menschen. Manchmal schaue ich das Foto an, das in einem Silberrahmen gefangen ist und vor der Thomas-Mann-Ausgabe in meinem Bücherregal steht. Alle beben geradezu vor Energie, nur meine Mutter macht ein etwas bedrücktes Gesicht, als könne sie sich nicht vorstellen, dass sie ungeschoren davonkommt. Und Hans schaut ostentativ nach unten auf seine nackten Füße. Ich war nie ein Freund von Fotoalben und habe selber nie fotografiert, aber auch von mir existieren Fotos, leider, denn meiner Meinung nach gibt es zu viele Fotos auf der Welt, die dadurch nicht wohnlicher wird.

Auf der Beerdigung meiner Eltern – ein gnädiger Tod hatte sie im Abstand von drei Tagen auf ihrem spanischen Besitz zu sich geholt, und die Polizei war zu der Ansicht gekommen, alles sei unter natürlichen Umständen erfolgt – brachten meine Brüder das Gerücht auf, unser Vater sei als Mitglied der Waffen-SS in Polen an Erschießungen beteiligt gewesen. Ein zerknittertes Foto wurde unter der staunenden Verwandtschaft herumgereicht, auf der ein Mann in Uniform abgebildet war, der mit meinem Vater allerdings nicht die geringste Ähnlichkeit hatte. Der Mann trug einen Helm und eine Brille, nur das SS-Zeichen war deutlich zu erkennen. Das Foto machte die Runde, alle schwiegen, als wären sie sich des Schattens bewusst, der nun auf alle Familienmitglieder gefallen war, bis eine der Schwägerinnen, die auch sonst für ihr heiteres Gemüt bekannt war, mit Überzeugung sagte: Ein fescher Kerl! Nun dachten einige, die uns nicht näher kannten, die Sache sei mit diesem Ausruf ausgestanden. Aber mir war sofort klar, dass mit dieser gemeinen Eröffnung meiner Brüder, die sich am Geld des Vaters reichgestoßen hatten, nur Hans gemeint sein konnte, unser falscher Bruder, der Gott sei Dank nicht zugegen war.

Hans wurde Philosoph, auch wenn er sich immer gegen diese Bezeichnung gesträubt hat. Schon während seines Studiums veröffentlichte er Aufsätze in den großen meinungsbildenden Blättern zu Fragen der Kunst und des Theaters, sogar zur Reform der Reform der Schulreform, er schrieb und veröffentlichte seine Dissertation über Kierkegaard und wurde mit einer fast tausendseitigen Arbeit über Schellings Kunstphilosophie habilitiert, für die er monatelang im Nachlass des Philosophen verbrachte und darüber sehr witzige Feuilletons über das Leben einer Karteikarte publizierte, aber einen Ruf auf einen Lehrstuhl nahm er nie an. Er war Gastprofessor in vielen Ländern, und weil er spielend leicht Sprachen lernte, konnte er sich bald aussuchen, wo er zu welchen Honorarbedingungen Vorträge halten wollte. Er schrieb Katalogtexte für bildende Künstler, übersetzte Catull und Horaz, und wenn er mal Zeit hatte in all seiner Zeitdehnungsexistenz, dann schrieb er Erzählungen, in denen er unbarmherzig mit sich selbst ins Gericht ging.

Ich hatte nie den Ehrgeiz, mehr Raum auf der Welt zu beanspruchen, als unbedingt nötig, und auch Hans war alles andere als ein Aufschneider, der platzgreifend durch die Welt schritt. Aber sein Schreiben, seine Ideen brauchten immer größere Räume, um sich entfalten zu können. Er wollte seinen Gedanken jede Form von Täuschung entziehen, also musste er wieder und wieder neu erklären, bis er selbst zufrieden war oder eine Annäherung an das erreicht hatte, was ihm vorschwebte. Mit anderen Worten: Er war besessen vom Schreiben, er wollte sich, am Ende, in einen Text verwandelt haben, alles andere war nebensächlich.

In den sechziger Jahren kauften wir uns über Mittelsmänner, die er auf einem philosophischen Kongress kennengelernt hatte, ein Grundstück auf einer jugoslawischen Insel in der Nähe von Dubrovnik. Da Hans das Flötenspiel erlernen wollte, brauchte er so wenig Nachbarn wie möglich. Vormittags schrieb ich an meiner kümmerlichen Abschlussarbeit zu einem weltbewegenden Problem der Statistik, er betrieb seine philosophischen Denkübungen, nachmittags arbeitete ich daran, das baufällige Haus zu richten, während er sich mit mathematischen Problemen beschäftigte, und wenn ich jeden Abend aufs Neue ergriffen das Wunder des Sonnenuntergangs betrachtete, befasste er sich mit den immer noch mündlich tradierten Epen auf dem Balkan. Seine Sprachbegabung und sein Interesse an Dialekten führten dazu, dass Linguisten sich in unserem Garten einfanden, um mit Hans die eigentümlichsten Lautverschiebungen zu diskutieren. Kein Mensch wusste, wie sie zu uns fanden. Es gehörte zum Magnetismus von Hans, der selber jeder Nähe auswich, dass er Menschen auf eine unheimliche Weise anzog und sich dann vor ihnen nicht retten konnte.

Ich kümmerte mich auch um die Tiere, die, wie die Esel, Teil unseres Anwesens waren oder die wir angeschafft hatten, etwa ein Dutzend Ziegen, die Hans verehrte, weil sie ihn anfangs keines Blickes würdigten und sich erst allmählich, besonders durch sein immer besseres Flötenspiel dazu verleiten ließen, in seine Nähe zu kommen, Hühner, Enten und Gänse. Aber der Blickfang waren zwei Schweine, große, robuste Tiere, die den ganzen Tag im Dreck lagen und sich erst rührten, wenn sie am Abend angebunden werden mussten, weil sie mit grunzender Kraft und Ausdauer den frisch angelegten Garten zu verwüsten drohten, um an die begehrten Graswurzeln zu kommen. Nur wer einmal unter Schweinen gelebt hat ... so begann einer seiner Aufsätze, in denen er die Mythologie des Schweins in der Antike erläuterte. Er war unseren Schweinen gewidmet.

Die einzige handwerkliche Tätigkeit, die ganz Hans überlassen war, galt der Instandsetzung der Steinmauer, die unser Anwesen umschloss. Sie war an verschiedenen Stellen zusammengefallen und insgesamt in einem desolaten Zustand, weil offensichtlich im Lauf der Jahre die guten Stücke gestohlen worden waren, ohne Rücksicht auf die nachrutschenden kleineren Steine. Mit dem Lastwagen unseres Nachbarn zog Hans über die Insel, um neue Steine zu kaufen (oder zu stehlen), die er dann mit unendlicher Mühe und einem großen Aufwand an Theorie in unsere Mauer einpasste. Die Mauer wurde zur Anschauungstafel für seine Philosophie. Die großen Brocken, die alles halten mussten, und die kleinen, die man für die Fugen verwendete, die runden, die jeder mag, und die eckigen, die jeder braucht, die farbigen Steine, die etwas hermachen, und die grauen Steine, die nur sich selbst repräsentieren, jedes Stück wurde so lange herumgetragen, bis der rechte Ort gefunden war, der ihm zukommende Ort in diesem Wunderwerk von Mauer, das ohne jeden Mörtel halten sollte wie schon seit Urzeiten, als man zum ersten Mal darüber nachdachte, sein Gebiet von anderen abzugrenzen. Jeder Stein muss das Gefühl haben, der Stabilität des Ganzen zu dienen, rief er aus, wenn wieder ein Meter geschafft war. So etwas, das war seine feste Überzeugung, müsse man einmal im Leben machen, sonst dürfe man sich nicht Philosoph nennen, mit den eignen Händen, sonst könne man ja gleich zum Stacheldraht greifen wie all die Idioten, Philosophen eingeschlossen, die die Welt regieren.

Die Verschmelzung der Gegensätze zu einem großen Ganzen, so etwa ließe sich das Projekt beschreiben, mit dem er sich drei Sommer lang beschäftigte. Dann stand der steinerne Gast um unseren Hof herum, nicht im Viereck, sondern den Bodenwellen angepasst und leicht geschwungen, sodass außer uns nur die Ziegen, wenn sie sich auf die Hinterbeine stellten, das Land um uns herum betrachten konnten.

Die Einweihung unserer Reduktion, wie Hans unsere Festung gut jesuitisch nannte, wurde mit einem Mahl gefeiert, an dem die gesamte Nachbarschaft teilnahm, die, auf alten Obstkisten sitzend, einer Rede von Hans lauschte, auf Serbisch natürlich, und aus den Lachsalven hörte ich heraus, dass sie Gefallen an diesem seltsamen Heiligen gefunden hatten, und selbst unsere Tiere schienen es richtig zu finden, in einer umzäunten Welt zu leben.

In den kommenden Jahren fuhr ich schon über Ostern und nach den Sommerferien noch einmal über Weihnachten in unser Haus, das ich nicht zu lange allein lassen wollte. Ich kümmerte mich um den Garten und war glücklich wie ein Kind, wenn ich die eigenen Tomaten und Zucchini auf dem Teller hatte. Wenn ich allein war, machte ich lange Spaziergänge und überließ mich ganz den Bewegungen meiner Beine oder ich saß am Meer und beobachtete die Wellen, als wäre dieses Nichtstun die eigentliche Bestimmung meiner Existenz. Bei uns gab es die schönsten Sonnenuntergänge, und nichts war ergreifender, als den Moment zu erleben, wenn die Sonne in dem metallisch glänzenden Spiegel des Meeres versank. Nachts las ich Ivo Andrić oder Jara Ribnikar oder die Wolfsgedichte von Vasko Popa, und wenn der Wind stark war und den Rauch durch den Schornstein ins Zimmer drückte, stellte ich mir einen Stuhl in die offene Tür und starrte die Dunkelheit an. Ein anderes, besseres Leben konnte ich mir nicht vorstellen, und als ich endlich ein Grammophon auf die Insel gebracht hatte, war das Glück des Alleinseins vollkommen. Das Herz öffnete sich, wie eine Faust sich öffnet nach einem Kampf.

Natürlich konnte es nicht ausbleiben, dass auch der Teufel einen Blick auf mein Paradies werfen würde. Hans hatte sich angewöhnt, das Haus im Sommer mehr und mehr in eine Art Seminar zu verwandeln. Junge Leute, die er weiß Gott wo kennengelernt hatte, wurden eingeladen, einige Wochen mit ihm zu philosophieren, und bald kamen auch Professoren aus Belgrad, die Schwierigkeiten mit der Partei hatten, Etatisten und Trotzkisten, oft spinnefeind, die ihre Ideen über die richtige Staatsform gerne und leidenschaftlich mit aufgeschlossenen Sozialisten aus dem Westen teilen wollten. Was heißt überhaupt Staat?, unter diesem Niveau wurde gar nicht erst angefangen.

Gegen ein geringes Entgelt schliefen die Gäste bei unseren Nachbarn oder in Zelten, ich selber war für die Verpflegung zuständig. Offen gesagt, verstand ich kaum ein Wort von dem, was verhandelt wurde, sodass ich bald wie ein an philosophischen Fragen lose interessierter Kellner behandelt wurde. Was war ein gerechter Staat? Welche Funktion sollte die Partei haben? Darüber hatte ich mir wenig Gedanken gemacht, und die Art und Weise der Diskussion war auch nicht dazu angetan, mich näher mit diesen Fragen beschäftigen zu wollen. Es ging immer um die Zukunft, die Gegenwart war schon mehr oder weniger abgeschrieben. Unter Zukunft konnte ich mir nichts Schönes vorstellen. Mein Misstrauen wuchs, als eines Tages eine Gruppe junger französischer Marxisten eintraf, die allen Ernstes eine Revolution anzetteln wollten und – im Spaß, wie Hans später behauptete – den Vorschlag machten, mit der Vergesellschaftung unseres Anwesens zu beginnen. Als ich mich weigerte, über derartig kindische

Pläne auch nur nachzudenken, und als sie hörten, dass ich im Zeitschriftengrosso tätig war, bestand ihre nächste Forderung darin, dass wir eine internationale Zeitschrift mit dem Titel „Revolution“ gründen sollten, deren deutsche Ausgabe ich dann bundesweit zu vertreiben hätte. Sie konnten nicht einmal ordentlich abwaschen. Lustlos stopften sie das Essen in sich hinein, das unser Nachbar Ante und ich ihnen kochten, sie tranken in Mengen unseren Wein, den sie als „sehr einfach, aber bekömmlich“ bezeichneten, dann machten sie sich mit ihrer Revolution auf zum Meer, um für das Abendmahl gerüstet zu sein. Den Abwasch durfte ich zusammen mit Svetovar übernehmen, einem moderaten Stalinisten, der während der stummen Tätigkeit ungerührt kommunistische Lieder sang oder linksradikale Zaubersprüche vor sich hinmurmelte, ohne auf die Teller zu achten. Mit diesen Menschen, das war mir sofort klar, musste jede Revolution scheitern.

Unter den Franzosen war eine junge Frau vietnamesischer Herkunft, die gerne die französische Redaktion der „Revolution“ übernehmen wollte und ganz besonders giftig auf meine Antwort reagiert hatte, nichts mit der Revolution oder der „Revolution“ zu tun haben zu wollen. Sie war in einem sehr altmodischen Sinne wunderschön und feingliedrig, und wenn sie sich während der Diskussionen erregte, sah sie wie eine Heilige aus, die über dem groben Licht der Aufklärung, das die Gruppe insgesamt verbreitete, zu schweben schien. Sie habe ein Buch über die Apokatastasis geschrieben, über das gewissermaßen nur im Flüstern gesprochen werden dürfe, sein Titel lautete: „Das Gedächtnis Gottes“. Gekommen mit einem in die Breite gegangenen, froschähnlich wirkenden Historiker, der sich diebisch darüber freute, dass nach der Revolution die Geschichte neu zu schreiben wäre, eine Aufgabe, die er gerne übernehmen wolle, „natürlich mit euch zusammen“, wie er uns gönnerhaft wissen ließ. Wenn er sprach, ging ein Gewitter in seinem Gesicht herunter, Regenfälle, Hagel, Verwüstungen. Der Historiker hatte sich gleich am ersten Tag einen üblen Sonnenbrand geholt, er glühte rot wie die untergehende Sonne und konnte auch nicht mehr sitzen oder liegen. Ein furchtbarer Anblick. Die Begegnung mit ihm war vor allen Dingen Unterbrechung, weil er alle drei Minuten in den Schatten des Hauses laufen musste. Seine schweren Verbrennungen kamen mir zugute, weil die „Mandeläugige“, wie ich die radikale Philosophin für mich nannte, in der Nacht vor unserer Tür stand und darum bat, im Haus schlafen zu dürfen. Der Historiker raube ihr mit seinem Geschrei den Schlaf. In dem großen ebenerdigen Raum, der das Haus ausmachte – das obere Stockwerk war noch nicht ausgebaut –, standen in den gegenüberliegenden Ecken zwei Betten, in denen Hans und ich schliefen, die Wahlmöglichkeiten waren also beschränkt. Die Philosophin hatte ein Säckchen aus Samt dabei, in dem sie eine Handvoll flacher Steine aufbewahrte, die sie nun auf dem Tisch auswarf und nach langer Draufsicht zu dem Entschluss kam, in meinem Bett schlafen zu wollen.

Sie blieb die acht Tage des Seminars bei mir, und als endlich ein Boot die Reisegruppe und Hans abholte, damit der nächste Revolutionstermin nicht versäumt würde, bat ich sie, mich nicht sofort zu verlassen. Sie blieb. Ich versorgte mit ihr zusammen die Tiere, zeigte ihr, wie man eine Ziege molk und brachte ihr anhand des 18. Brumaire ein wenig Deutsch bei, damit sie die Klassiker im Original lesen konnte. Ich war ihr dankbar. Sie hieß Mitsou. Nachts schlief ich nun im Bett von Hans, sie in meinem Bett. Bevor ich das Licht löschte, schaute sie mich mit einer Mischung aus Selbstbewusstsein und Verachtung an.

Im Herbst desselben Jahres entschloss ich mich, für ein langes Wochenende auf die Insel zu fahren, um das

Haus für den Winter wetterfest zu machen. Hans war in Berkeley. Zweimal in der Woche ging ich in seine Wohnung, um seinen Briefkasten zu leeren, Wichtiges sollte ich ihm am Telefon vorlesen. Unter der Nummer, die er mir hinterlassen hatte, meldete sich eine männliche Stimme, die nie von Hans gehört hatte; die Nummer des Philosophie-Departments war ihm nicht bekannt, er sei Chemiker. Ich gab auf, Hans würde sich schon melden.

Die Insel war Ende Oktober besonders schön, das späte Licht machte alles leichter und durchsichtiger, nur der Wind störte, der alles im Griff hatte. Er blähte die Masse der Wolken zu beweglichen Tüchern auf, die über dem verbrannten Gras zu schweben schienen. Die Tiere lagen, eng an die Hauswand gepresst, friedlich beisammen, nur die Esel waren nicht da, Ante hatte sie sicher ausgeliehen. Das Innere des Hauses sah aus, als wäre es eben erst verlassen worden, ich hätte mich nicht gewundert, wenn die Teekanne noch warm gewesen wäre. Einer musste sich im Haus aufgehalten haben, der Plattenspieler zeigte sein starres grünes Auge. Mendelssohns Oktett op. 20, eines meiner Lieblingsstücke, lag auf dem Teller. Hatte ich vergessen, den Plattenspieler abzustellen?

Von Ante erfuhr ich, dass Hans mit Mitsou eine Woche im Haus verbracht hatte und am Morgen abgereist sei. Er lobte die Philosophin über den grünen Klee. Stell dir vor, rief er, sie kann sogar Ziegen melken!

Als Hans im Winter nach München kam, um die Koffer zu wechseln und nach Bologna zu reisen, erkannte ich ihn kaum wieder, so abgerissen sah er aus, so bleich und mager. Sein Buch über „Zukunft“ war in italienischer Übersetzung erschienen, also hatte er, auch um seine Sprachkenntnisse aufzufrischen, eine Gastprofessur angenommen. Mitsou nahm er als Assistentin mit.

Ich hatte keine Ahnung, was er über die Zukunft zu sagen hatte, aber ich sagte ihm, ich wolle in Zukunft alleine auf der Insel sein, wir müssten uns absprechen. Hans sah mich an, sagte kein Wort, aber ich wusste, dass er wusste, dass ich wusste.

Ich habe unser Haus auf der Insel nie mehr betreten. Manchmal sah ich die Tiere vor mir, die Ziegen vor allem mit den gelbgrünen Augen und die Hühner mit ihren dürren Hälsen, denen die Federn ausgegangen waren. In der Einbildung hörte ich ihr aufgeregtes Gekrächze, wenn ihnen Ante den Hals umdrehte. Keiner von denen, die bei uns über Hegel debattierten, konnte ein Huhn schlachten. Man aß die Hühner. Und natürlich sah ich Mitsou vor mir, die wie ein edles Tier mit den grunzenden Schweinen sprach. Sie hat sich wenige Jahre später zusammen mit dem schwergewichtigen Historiker das Leben genommen, eine französische Krankheit jener Zeit. Hans hatte mir kommentarlos einen Ausriss aus Le Monde geschickt. Hans liebte Todesanzeigen. Wenn ich einmal Zeit habe, werde ich eine vergleichende Arbeit über die unterschiedlichen Todesanzeigen in Europa schreiben, sagte er oft, wenn er wieder eine ganz besonders grauenhafte Annonce gefunden hatte.

Wir sahen uns kaum noch, gelegentlich schrieb er kurze Briefe, abgehetzt und wirr, manchmal kamen noch Sonderdrucke von Aufsätzen. Einmal hieß es in einem Postskriptum: Ich fühle mich bis an mein Lebensende für dich verantwortlich. Dem kann ich aber nur hinreichend nachkommen, wenn ich nicht vor Dir sterbe. Am besten, wir sterben zusammen.

Zu meiner Hochzeit konnte er nicht kommen, weil ihn angeblich Lehrveranstaltungen in China festhielten, zum Verschwinden meiner Frau, die er nie gesehen hat, keine Zeile.

Also sterben wir zusammen.

Der Baumumarmer

Ich glaube, ich kenne alle, die in meinem Viertel leben und sich noch auf die Straße wagen, jedenfalls die meisten. Ich weiß, wer einen Hund hat und wen welche Krankheit plagt, wer am Sonntag in die Kirche geht und trotzdem an Gott glaubt, wessen Kinder ihre Eltern achten und sie regelmäßig besuchen, wer unter einem Mangel an seelischem Gleichgewicht leidet und wer unter Übergewicht, wer mit den Mächten der Finsternis im Bunde steht und wer im Licht. Ich kenne sie alle. Im Sommer, wenn mein Fenster zur Straße hin offen steht, kann ich schon am Klang der Schritte heraushören, in welcher Verfassung sich die Menschen befinden, ich erkenne sie an ihrem verschwiegenen Hüsteln oder dem selbstbewussten Husten, an ihren Seufzern und Verwünschungen. Ich kenne die Schweigsamen und die Misstrauischen, die vom Leben enttäuschten Torkler und die aufrecht Dahinschreitenden, die sich nicht eingestehen wollen, dass auch sie ihrem Unglück entgegengehen.

Ich kenne und durchschaue sie alle.

Manche von ihnen versuchen, mich in meinen Träumen zu quälen, andere ballen nur die Faust in der Tasche, wenn sie an meinem Fenster vorübergehen. Keiner grüßt. Keiner blickt auf zu meinem Fenster, keiner hebt die Hand. Einige haben sich mit ihrem Tod bereits abgefunden, andere versuchen, ihren Schritten eine gewisse Leichtigkeit zu geben, um vom Tod abzulenken. Alle kommen in dem Buch meiner Einbildungskraft vor, ohne zu ahnen, auf welche Weise ihre Lebensgewohnheiten und ihre Lebensgeschichten darin verknüpft sind.

Sie können es nicht wissen, weil ich mit keinem meiner Mitmenschen rede. Ich bin, denke ich manchmal, eine Art heruntergekommener Gott, der Gott hinter dem Fenster, den ein böses Schicksal an seinen Thron gefesselt hat, von dem er sich nicht lösen kann, um unter die Menschen zu gehen. Ein Gott, der nicht mehr eingreifen, der seine Schöpfung nicht mehr korrigieren kann, dem aber die göttliche Fähigkeit geblieben ist, jeden Schritt der Menschen zu deuten. Sie können sich eine noch so perfekte Maske aufsetzen, ich sehe das Gesicht, das sich dahinter verbirgt, die ganze elende Versteckerei kann mich nicht täuschen.

Soweit ich mich erinnern kann, habe ich mich in der langen Zeit, die ich schon hinter meinem Fenster verbringen musste, nicht ein einziges Mal geirrt. Ich wusste, wann einem die Frau weggelaufen war und wer Schwierigkeiten mit dem Finanzamt hatte. Und natürlich haben alle Verstellungskünste meiner Mitmenschen mich nicht hindern können, in einer winzigen, unbedachten Geste den Absturz der Lebenskurve zu sehen.

Das Essen wird mir täglich von einem mobilen Betreuungsdienst gebracht, dem ich oft wertvolle Hinweise geben kann, mit welcher neuen Kundschaft bald zu rechnen ist; die immer spärlicher tröpfelnde Post wird von einer polnischen Putzfrau entsorgt, das Telefon beantworte ich nicht mehr. Durch das Radio halte ich Kontakt zur Welt. Es ist ein altes Gerät, mit dem ich mühelos Wellen aus allen umliegenden Häusern empfangen kann. Ich benutze es allerdings nur zur Kontrolle, um meine Voraussagen zu bestätigen, und natürlich höre ich auch Nachrichten, um für meine lokalen Beobachtungen einen größeren Rahmen zu gewinnen. Aber in der Hauptsache höre ich Musik. Ich darf behaupten, alle bedeutenden Stücke der Musik schon mehrere Male gehört zu haben.

Die Musik hält mich am Leben.

In diesem Leben gibt es einen Menschen, den ich nicht lesen kann. Er zeigt sich ausschließlich in der beginnenden Dunkelheit, trägt auch im Sommer einen weiten Mantel und sieht, von meinem Fenster aus betrachtet, so aus, als hätte er entweder das Gehen verlernt oder würde es noch üben. Er kommt nicht von links oder rechts, er kündigt sich nicht an, sondern ist plötzlich da, plötzlich steht er vor der Straßenlaterne, hält inne und lässt sich, als hätte ein Windstoß ihn erfasst, gegen den Laternenmast fallen, sodass das Licht zu zittern beginnt. Richtig sehen kann ich ihn erst, wenn das Licht zu zittern beginnt, vorher ist er noch Teil des Schattens oder Teil der Straße, auf jeden Fall wird er erst eine richtige Person, wenn er schräg an der Laterne lehnt. Manchmal, wenn ich nach einem langen Tag der Beobachtung und Deutung schon im Vorraum der Träume angelangt bin, lässt mich dieses sanfte Zittern des Lichts auffahren. Da sehe ich ihn dann stehen, eine ganz und gar unglückselige Gestalt, schwer atmend, sodass sich sein weiter Mantel, eigentlich ein Umhang oder ein Cape oder vielleicht ein Talar, leicht bewegt, weil dieser Unglücksvogel offenbar nicht normal atmet, wie es sich gehört, sondern pumpt, als müsste er mit einer gewaltigen Kraftanstrengung den ausgemergelten Körper auf Fahrt bringen. Gelegentlich trägt er über seinem schütteren Haar eine Baskenmütze, die noch die Ohren bedeckt, auch im Sommer, was die Sache des Erscheinens nicht besser macht.

Hat sich der Mensch eine Weile in der für einen normalen Menschen unvorteilhaften Lage ausgeruht, trippelt er, nach einer Zeit des Besinnens, mit lächerlich kurzen Schritten auf den nächststehenden Baum zu, den er, hat er ihn endlich erreicht, auf eine zugleich hilfesuchende wie zärtliche Weise umarmt. Was wenige Sekunden dauert, kommt mir so vor, als würde er von einem Ende der Welt zum anderen wanken. Als hätte er gerade eine Wüste durchquert, lässt er sich gleichsam in die Arme des Baumes fallen, wobei er seine Hände mit den langen mageren Fingern seitlich über die Borke des Baumes wandern lässt, als wollte er ihn, abtastend, erkennen. Kann man sich ein innigeres Paar vorstellen?

Er ist der Baumumarmer, den keiner kennt und den ich nicht deuten kann. Wird er von dem Scheinwerfer eines zufällig vorbeifahrenden Autos erfasst, löst er die der Straße zugewandte Hand vom Stamm und schüttelt sie, zur Faust geballt, dem Störer dieser Umarmung hinterher. Es kann gut eine Stunde dauern, die er so verbringt, eine Stunde des Austauschs, die auf keiner Uhr verzeichnet ist. Eine Stunde der Verbrüderung oder der versuchten Verschmelzung.

Ein Mann oder ein Wesen, dem offenbar nichts geblieben ist als dieser Baum vor meinem Fenster, eingehüllt in seinen wehenden Mantel über seinem pumpenden Körper, am Baum lehnend wie ausgepeitscht, ein Idiot oder ein heiliger Narr. Keiner weiß, wo er herkommt, keiner weiß, was er tagsüber treibt, ob er trauert oder träumt. Der nur kommt, um den Baum zu umarmen, und nicht weiß, dass er bei dieser Handlung von mir beobachtet wird. Oder weiß er genau, dass ich hinter meinem Fenster sitze und ihn prüfe? Will er mich prüfen? Ist er die letzte Herausforderung meines auslaufenden Lebens? Handelt es sich bei seiner Baumumarmung um eine Art religiöses Ritual, mit dem er mir meine Grenzen aufzeigen will?

Der komische Heilige jedenfalls, wie ich ihn bei mir nenne, bringt, sooft er auftaucht, meine Theorie über die Durchschaubarkeit des Menschen durcheinander. Ich stellte mir Gott immer als ein Wesen vor, das uns wie Marionetten führt, uns also dazu zwingt, so zu tun, als wären wir von ihm unabhängig; deshalb also die Maskeraden, um unsere Unabhängigkeit unter Beweis zu stellen. Mein Lebensinhalt bestand darin, diese Maskeraden zu durchschauen, ein Spiel, das man nur ohne Auftrag spielen kann, ohne Hoffnung auf Entlohnung oder gar Erlösung. Es ist, das dürfte deutlich geworden sein, ein sinnloses Spiel. Der Baumumarmer, der plötzlich in den Lichtkreis tritt, erinnert mich an meine Grenzen, wenn ich mich, eitel geworden durch meine Fähigkeiten, als etwas Höheres empfinde.

Also bin ich froh, wenn er sich eine Weile nicht sehen lässt. Aber ich weiß, dass er wieder auftaucht. Er kommt bestimmt. Er kann es nicht übers Herz bringen, mich allein zu lassen hinter meinem Fenster.

Für immer

Weil ich mir nicht mehr zu helfen wusste und der Regen in München das Gefühl der Hilflosigkeit und der gedankenlosen Traurigkeit noch verstärkte, warf ich das Manuskript, an dem ich erfolglos arbeitete, indem ich wieder und wieder die schon geschriebenen Sätze durchstrich und durch immer weniger klare Konstruktionen ersetzte, in eine Reisetasche, legte ein paar Wäschestücke und den Kulturbeutel obenauf, nahm die Zeitungen und die Post aus dem Kasten und setzte mich ins Auto, in der fragwürdigen Hoffnung, durch Bewegung meine Niedergeschlagenheit aufzulösen, obwohl ich von früheren Anfällen wusste, dass gerade Bewegung das falscheste Mittel war. Wenn diese Welt leer ist, sind es alle anderen Welten auch. Nur Ruhe konnte helfen. Aber ich hatte nun bereits mehr als einen Monat versucht, mich zu beruhigen, hatte tagelang geschwiegen, war nicht ans Telefon gegangen, hatte keine Musik gehört und das Fernsehgerät nicht eingeschaltet, hatte mich täglich in aller Frühe an den Tisch gesetzt und die wenigen Zeilen auf dem Papier angestarrt und an ihnen herumgekratzt, ohne dass sie zu mir gesprochen hätten. Sie blickten feindselig zurück, und jede vermeintliche Verbesserung, noch die geringste Umstellung, führte dazu, dass sie mich regelrecht höhnisch auslachten. Warum konnte ich sie nicht in Ruhe lassen? Welcher Dämon zwang mich, der Wahrheit näher kommen zu wollen?

Ich fuhr durch die am frühen Morgen menschenleere Stadt, hielt vor einem Stehcafé, in dem die Müllmänner in ihren orangen Anzügen sich aufwärmten, wortkarge Türken, die laut ihren Kaffee schlürften, ohne mich auch nur eines Blickes zu würdigen. Vielleicht, dachte ich, sollte ich ihnen mein Manuskript übergeben, dann würde es zwischen Flaschen und alten Zeitungen, Kaffeesatz und Essensresten auf dem großen Müllberg landen, der mir plötzlich als das einzige Ziel unserer Zivilisation vor Augen stand, ein riesiger Haufen Abfall, in dem ungeordnet der ganze Dreck unserer Bemühungen, eine zeitgemäße Lebensform zu finden, aufgestapelt lag.

All die Lügen, dass wir der nächsten Generation eine saubere Welt hinterlassen sollten, würden gleich mitkompostiert, und der Regen würde dieses fatale Gemisch zu einem Brei verkleistern, den kein Archäologe auch nur mit spitzen Fingern anrühren wollte. Diese Gedanken, die bei mir, wie ich zu meinem Schrecken feststellen musste, zu einem hysterischen Krampf führten, zu einem Zucken, das um die Augen herum begann und dann den ganzen Körper erfasste, schienen die Türken nicht zu berühren. Sie standen, die Unterarme auf die wackligen runden Tische gelehnt, mit ihren mürrischen, müden Gesichtern nur da, einige hatten die Mützen abgelegt, einer lehnte mit leicht gespreizten Beinen an der Wand und hatte die Augen geschlossen, deren Lider sich wie im Schlaf leise bewegten. Müll! Wovon träumt man, wenn man den ganzen Tag damit beschäftigt ist, anderer Leute Abfall zu beseitigen? Natürlich davon, endlich selber mehr Abfall produzieren zu können. Die Frau hinter der Theke, mit Tätowierungen an beiden Armen, die sich bis unter die ärmellose Bluse fortsetzten, schaute gelangweilt auf dieses in Orange gehaltene Stillleben, sie rief mir nicht einmal einen Gruß hinterher, als ich endlich das Café wieder verließ und mitsamt meinem Manuskript weiterfuhr.

Warum um Himmels willen die Deutschen Angst hatten vor diesen friedlichen Muslimen, die ihnen die Scheiße entsorgten, war mir schleierhaft. Der Staat würde zusammenbrechen, wenn sie in Streik träten. Ich stellte mir vor, dass eine Verordnung erlassen würde, wonach jeder selbst für die Beseitigung seines Abfalls zu sorgen hätte, und sah schon die langen Schlangen schöner deutscher Autos mit schönen deutschen Hausfrauen vor mir, die sich vor den Mülldeponien drängten. Sogar bei der gegenseitigen Betrachtung des Mülls würden Neid und Missgunst herrschen. Warum werfen Sie Bücher weg? Weil ich sie gelesen habe und sie nicht länger in meiner Nähe ertrage. Und Sie, warum essen Sie Ihr Essen nicht auf? Weil es mich nach dem dritten Bissen immer ekelt, jeden Tag wieder das Fleisch toter Tiere essen zu müssen, ganz einfach. Ich sollte, ging mir durch den Kopf, ein Theaterstück über Müll schreiben, „Müll". Müll erfreut sich auf der gegenwärtigen Bühne großer Beliebtheit. Wahrscheinlich wird es schon überall gespielt. In meinem Stück würden jedenfalls die Türken mit ihren traurigen anatolischen Gesichtern genau so auf der Bühne herumstehen, wie sie in dem Stehcafé herumgestanden sind. Auch für die tätowierte Kellnerin hätte ich in meinem Stück Verwendung, weil sich alle fragen würden, wie es mit der Tätowierung unter der Bluse weiterging. Das geht euch einen feuchten Kehricht an, ihr Kümmeltürken, würde sie rufen, und die freundlichen Türken würden lachen und ihre Goldzähne zeigen, dass man es bis in die letzte Reihe blitzen sah. Am Schluss müsste auf der Bühne ein großer Müllhaufen liegen, ein wirklich gigantischer, stinkender Müllberg, und kein Vorhang würde heruntergehen.

Ich war kaum wieder auf die Umgehungsstraße eingebogen, als ich einen jungen Mann ohne Schirm am Straßenrand stehen sah, der sich ein unförmiges Pappschild mit der Aufschrift „Innsbruck" umgehängt hatte. Sofort war mir klar, dass ich nach Innsbruck fahren musste. Hätte ich Paris oder Barcelona gelesen, wäre ich nach Paris oder Barcelona gefahren, jetzt sollte also Innsbruck mein Lebensziel werden. Der junge Mann war so verblüfft, dass ich neben ihm hielt, dass er nur mit Verzögerung sich zum Fenster beugte und „Innsbruck?“ murmelte, als würde er seinem Glück nicht trauen. Also fahren wir nach Innsbruck, sagte ich.

Ich war ja selber in meiner Jugend per Anhalter durch Europa gefahren und wusste, wie erhaben man sich fühlte, wenn irgendein Autofahrer genau dahin wollte, wohin man selber unterwegs war. Kaum hatte der junge Mann seine gesamte triefende Nässe auf dem Beifahrersitz untergebracht, stellte er sich vor und bedankte sich so überschwänglich, dass ich meinen Entschluss, ihn mitzunehmen, schon zu bereuen begann. Wie schön wäre es gewesen, allein nach Innsbruck zu fahren, wie eine in ihrem Gehäuse verkrochene Schnecke. Es ist ein erniedrigendes Gefühl, seine Einsamkeit nicht aushalten zu können und bei der ersten sich bietenden Gelegenheit schwach zu werden. Jetzt begann also wieder, was ich am meisten verabscheue: Konversation. Der Mensch kann nicht, so sehr er es sich auch vornimmt, den Mund halten. Andere unterhalten zu müssen, ist eine entsetzliche Folter. Ich nahm mir vor, nichts zu sagen, nichts, sollte der junge Mann doch mich unterhalten.

Auf meine Frage, was er bei diesem Wetter in Innsbruck zu tun gedenke, erfuhr ich, dass er Student der Theologie war und nach der bevorstehenden Dissertation über den Jesuitengeneral Franz von Borgia in ein Jesuitenkollegium eintreten wolle. Ich schaute ihn von der Seite her an, weil ich plötzlich nicht sicher war, ob dieser durchnässte Vogel mir nicht einen Bären aufbinden wollte, aber er blickte ohne jeden Anflug von Ironie zurück; er meinte es ernst. Auf welche Gedanken die jungen Menschen kommen, wenn ihnen die Welt nicht passt und sie keine Möglichkeit sehen, sie zu verändern. Sie beten. Sie werden fromm und beten. Oder sie bleiben unfromm und beten um innere Festigkeit. Statt in intellektuelle Verzweiflung zu fallen, wie unsereiner, kümmern sie sich gleich nach dem Abitur um ihr Seelenheil. Wahrscheinlich, dachte ich, bringe ich einen der nächsten Päpste nach Innsbruck.

Und schon begann der junge Mann, mir von Borgia zu erzählen, der angeblich ebenso ohne Ironie gesagt hatte: „Wie Lämmer haben wir uns eingeschlichen, wie Wölfe werden wir regieren, wie Hunde wird man uns vertreiben, aber wie Adler werden wir uns wieder verjüngen." Und als ich bei der nächsten Tankstelle abfuhr, holte er aus seinem Rucksack, den er auf dem Rücksitz neben meine Tasche gestellt hatte, sein Manuskript und las mir bis weit nach Rosenheim die bösartigsten Anschuldigungen vor, die gegen die Jesuiten vorgebracht worden waren. Selbst der allerkatholischste Kaiser Franz, rief er gegen die sich gleichmütig abrackernden Scheibenwischer, wollte keinen Jesuiten zum Beichtvater und vertraute ihnen auch keine Pfarreien an; ebenso wenig wie der Kaiser Ferdinand und der so fromme Bayern-Ludwig. Weil die Jesuiten angeblich das Beichtgeheimnis gebrochen haben, hat Maria Theresia sie aus allen ihren Ländern verbannt. In Bologna wurden sie unter der Bedingung geduldet, dass sie sich ruhig verhalten, das hieß jedoch, sagte er vergnügt, Unmögliches verlangen! Die Jesuiten vom Intrigieren abhalten, las er mir aus einer Schmähschrift vor, ist den Fischen das klare Wasser verbieten, so hatte der Bischof von Pistoia, Scipio Ricci, gesagt, ein Mann von echter Frömmigkeit und strengen Sitten, der wie ein Heiliger lebte und Napoleon beschwor: „General! Glauben Sie mir, die Jesuiten sind die Wölfe der Kirche und umso mehr zu fürchten, weil sie sich unter dem Schafspelze bergen!"

Der junge Mann, der so fröhlich neben mir saß und alle Verdächtigungen, die man gegen seinen zukünftigen Orden je vorgebracht hatte, mit der größten Selbstverständlichkeit wiedergab, wurde mir mehr und mehr unheimlich, und als wir, bei immer noch strömendem Regen, auf die Inntal-Autobahn abbogen, bat ich ihn zu schweigen. Er hielt augenblicklich die Klappe. Stumm und irgendwie ergeben schaute er in die Richtung, wo normalerweise die Berge zu sehen sind, auch wenn ich in meiner gegenwärtigen Verfassung nicht mehr sicher war, dass sie nicht schon längst abgetragen worden waren. Ein seltsamer Jesuit. Denn eigentlich müsste er ja genau jetzt mit der Arbeit beginnen! Ich selber habe nie viel zu Gesprächen beitragen können und stets diejenigen meiner Freunde beneidet, die am Beispiel eines Steins oder einer Feder die gesamte Geschichte der Welt erzählen konnten. Und bewundert habe ich die anderen, die sich für Theorien interessierten, die alles erklärten, Psychoanalyse, Gender-Mainstreaming, Marxismus, Strukturalismus, die Welt wurde durchsichtiger und leichter, während sie sprachen, und ich wurde stummer und schwerer. Aber am meisten habe ich die beneidet, die mit Leidenschaft für eine abstrakte Sache kämpften, auch wenn sich die Sache als ziemlich hohl und windig erwies, wie zum Beispiel die Religion. Ich selber gehörte eher zu den Abwartenden, was einige meiner immer weniger werdenden Gesprächspartner glauben ließ, ich sei „tiefer", als ich es in Wahrheit bin. Ich bin nicht tief, sondern nur verzweifelt, aber das behält man natürlich eher für sich.

In der nun einsetzenden Stille klumpte sich mein Herz zusammen. Ich hörte, wie es mit letzter Kraft sich aufbäumte und pumpte, um mich am Leben zu erhalten, doch ich konnte meine Dankbarkeit nicht zeigen. Für eine Zehntelsekunde dachte ich, es hätte meinen Überdruss gespürt und sich entschlossen, die Arbeit aufzugeben. Ich fuhr sofort an den Straßenrand, stellte das Warnlicht an und atmete panisch durch. Was würde denn passieren, wenn ich jetzt aufgäbe? Kein Mensch würde bedauern, dass ich das Buch, von dem nur Gerüchte existierten, nicht zu Ende geschrieben hatte, kaum einer würde überhaupt bedauern, dass ich nicht mehr auf der Welt war; es gab ohnedies zu viele Menschen auf der Welt, und zu viele Bücher, die den Menschen die Welt erklären wollten. Es gab doch nichts mehr zu erklären. Sollte man noch einmal die Habgier erklären, den Neid, den Geiz, die Eifersucht, die die Welt unbewohnbar gemacht haben? Warum nicht lieber Musik hören? Warum sollte man die verwickelte Erzählung, wie der Mensch auf die Beine kam, wie er plötzlich stand und weit sehen konnte und auch von Weitem gesehen werden konnte, noch einmal mit anderen Worten ausschmücken? Es steht doch schon alles geschrieben, und alle Theorien, das Geschriebene zu fassen, sind das Papier nicht wert, auf dem sie gedruckt sind. Warum also noch einmal Odysseus, Parzival, Hamlet?

Ja, das muss sein, hörte ich mich murmeln, das ist unsere einzige Chance, den winzigen Webfehler zu entdecken, die Abweichung, den Haarriss, der auf der Oberfläche unserer Erzählung entstanden ist und einmal verantwortlich sein wird für den Bruch, den Abbruch, das Ende dieser unglaublichen Konstruktion, von der keiner, der sie ergriffen bewundert, je mehr als ein Prozent verstanden hat. Ein Prozent, höchstens! Aber alle, die so eifrig neue Theorien ausbrüten, tun so, als hätten sie den entscheidenden Zipfel in der Hand, mit dem sie das letzte verhüllende Tuch vom Antlitz des Kummers reißen können. Nur die Dichter wissen es besser, vielleicht auch die Theologen, die es natürlich leichter haben mit ihrem einen Gott, der nicht den Atem der Konkurrenz spürt.

Während mir das durch den Kopf ging, spürte ich, wie mein Körper plötzlich heiß wurde und zusammensackte wie erhitztes Wachs. Aber kurz vor dem Auslaufen nahm mich ein beherzter Wind auf und schleuderte mich durch die Wolkendecke hindurch und hinauf zu einem Vogelschwarm, mit dem ich ohne Mühe in weit ausgeschwungenen Bögen über dem Inn zu kreisen begann, der nun, als hätte es nie einen großen Regen gegeben, in der Sonne glitzerte, ein in allen Farben funkelndes gewundenes Band, an dessen Ende die Kirchen von Innsbruck aufragten wie frischer Spargel zwischen den von oben gesehen freundlichen Bergen. Der Schwarm, der mich nach kurzem Ritual aufgenommen hatte, formierte sich plötzlich zu einem spitzen Dreieck, und dann schossen wir – der Fahrtwind schien mir die Haut von den Knochen zu reißen – in einen Wolkenhaufen hinein, der sich über den noch vereinzelt wie verlorenes Gepäck herumstehenden Wölkchen gebildet hatte. Aus diesem amorphen Haufen entstand ein Gesicht, ein großflächiges, trauriges, erstauntes Gesicht mit aufgerissenen Augen. Es war mein Gesicht, ich erkannte es sofort, obwohl mir die Augen vom Fahrtwind tränten. Das bist doch du, wollte ich rufen, aber ich musste mich fügen, ein Ausbrechen aus dieser strengen Disziplin des gemeinschaftlichen Flugs war nicht möglich. Auf der Höhe der Augen rasten wir direkt in mich hinein.

Ich schrie mich wach. Als ich endlich die wie mit Stahlklammern verschlossenen Augen aufsperren konnte, sah ich in das friedliche Gesicht des angehenden Jesuiten, der mich auf den nassen Grasstreifen neben der Autobahn niedergelegt hatte und mich mit vorsichtigen Klapsen daran hindern wollte, mit den Vögeln – waren es Kraniche, Störche oder Krähen gewesen, weiße Krähen, Engel? – dorthin zu fliegen, wo für mich die unwiderstehliche Unendlichkeit, für ihn das Reich Gottes liegen musste.

Sie sind kalkweiß im Gesicht, sagte der Theologe.

Von der anderen Straßenseite wehte ein strenger süßlicher Geruch nach Pferdestall und Gülle herüber, und der Berg hatte sich eine weißliche Nebelschärpe angelegt, die sich gegen den nun schwächer werdenden Regen behauptete. Nichts schien mir schöner als dieser Nebelstreif, und ich fragte mich, vollständig durchnässt vor dem Jesuiten auf dem Gras liegend, ob es verwerflich sei, mit diesem Bild aus dem Leben zu scheiden. Die meisten Menschen starben in Krankenhauszimmern und nahmen als letzten Eindruck von der wirklichen Welt ein unbequemes Bett mit, ein paar Schläuche, verängstigte Verwandte. Ich hatte dagegen die erhabenen Berge vor Augen und einen angehenden Priester neben mir. Ich betrachtete jedenfalls alles so genau wie möglich, als wäre es tatsächlich die letzte Chance meines Lebens, hier kurz vor Innsbruck die Schönheit der Welt vor Augen geführt zu bekommen.

Da der Jesuit weder einen Führerschein besaß, noch ein Auto lenken konnte, setzte ich mich wieder ans Steuer und fuhr die Strecke bis nach Innsbruck hinein. Auch in Innsbruck kann man sterben.

Ich fand ein Zimmer im Grauen Bären, das auf ideale Weise meiner Stimmung entsprach; schon beim Eintreten dachte ich an nichts anderes. Es war dunkel und roch muffig, als sei ich nach Jahren, die das Zimmer nicht zu vermieten gewesen war, der erste Gast, dem man es zumuten konnte. Tatsächlich spürte ich ein Gefühl der Dankbarkeit, dass man mich nicht abgewiesen hatte. Es war mir fast nicht gelungen, das Anmeldeformular auszufüllen, weil meine Hand zitterte und ich unter der strengen Aufsicht der Empfangsdame die Zeilen vertauschte, sodass am Ende der widerliche Überwachungszettel aussah wie eine spirituelle Botschaft, die nur Eingeweihte lesen konnten. Wie lange wollen Sie bleiben, wurde ich gefragt, und weil ich keine Antwort wusste, sagte ich mit trockener Kehle: Für immer.

Ich zog mein arg zerfleddertes, mit Zetteln voller Notizen gespicktes Manuskript aus der Tasche und warf es auf den winzigen Tisch, der, selbst wenn ich bereit dazu gewesen wäre, zum Arbeiten nicht geeignet war. In meinem langen Hotelleben gab es eigentlich nur einen Tisch, der mich wirklich herzlich eingeladen hatte, an ihm zu arbeiten. Er steht (hoffentlich immer noch) in der American Colony in Jerusalem und hatte die eigentümliche Eigenschaft, dass ich mich den ganzen Tag, den ich in dieser lauten und staubigen Stadt verbringen musste, nach ihm sehnte. Abends, wenn die anderen in ihren armenischen Restaurants saßen und noch einmal vergeblich die aussichtslose Lage des Landes berieten, saß ich an dem großen kühlen Tisch und las und schrieb und war, man verzeihe mir das pathetische Wort, glücklich. Großer Kummer und großes Glück machen pathetisch, was dem Schreiben leider nicht immer förderlich ist.

Ich war mir in meinem Zimmer im Grauen Bären nicht mehr sicher, was mein Leben ausmachte, was es zusammenhielt; was mir und nur mir gehörte; von dem ich sagen konnte: Das ist meins, das bin ich. Denn auch wenn ich mich hütete, eine Antwort von mir zu erwarten, war ich doch so darauf erpicht, eine zu erhalten, dass dieser Widerspruch sofort das Zittern wieder hervorrief, begleitet von einer Traurigkeit, die mich fast zerriss. Keine Lektüre, kein Nachdenken, keine Meditation konnten mich von der unmöglich zu gebenden Antwort befreien. Nicht einmal die Erinnerung an den Zynismus einiger Freunde, die mich mit der prinzipiellen Zufälligkeit jeder einzelnen Existenz beruhigen wollten, konnte mich retten. Sollte ich mich hinlegen, auf den Boden werfen? Sollte ich schreien? Selbst dazu fehlte mir die Kraft. Also blieb ich, langsam atmend, auf dem unbequemen Stuhl sitzen, in der uns anerzogenen unnatürlichen Haltung, legte die Hände, ungefaltet, ineinander und wartete. Warten schien mir die einzige Form des Überlebens zu sein, die mir angemessen war. Ich wollte nicht auf etwas warten, sondern einfach nur warten. Irgendwann würde schon jemand kommen, um mein Warten zu unterbrechen, sei es das Leben oder der Tod oder auch nur das Zimmermädchen, das mein Bett aufschlagen wollte.

Wo war eigentlich der junge Jesuit geblieben, vielleicht hätte er zum Vergil getaugt? Er hatte sich mit seinem Ranzen und seiner Dissertation davongemacht, als wäre er, nachdem er mich ins Leben zurückgeholt hatte, nicht mehr für mich verantwortlich. Er hatte offenbar Besseres zu tun.

Ich knipste schließlich alle Lichter an, auch die im Flur und im Bad, um wenigstens meinen Schatten zu sehen. Solange er sich bewegte, war ich noch am Leben. Es gab keinen Balkon vor meinem Zimmer, das sich im obersten Stockwerk des Hotels befand, aber doch einen Vorsprung unterhalb des Fensters, sodass die Asche meiner Zigarette erst dann weggeweht wurde, nachdem sie ausgekühlt war. Rauchen war im Grauen Bären strengstens untersagt. Lange schaute ich auf die Straße hinunter und den Radfahrern zu, die so taten, als hätten sie noch alles vor sich. Ich versuchte, einigen Passanten mit den Augen zu folgen, was mir nicht gelingen wollte. Was hatten sie vor, wohin wollten sie?

Die Situation hatte auch etwas Komisches, bitter Groteskes. Ich saß ganz allein im Kopf des Grauen Bären in Innsbruck und hatte keine Vorstellung, was ich tun sollte, um mich wieder an die Erzählung, die mich verlassen hatte, anzuschließen. Ich rauchte und schaute in die Tiefe, in die verführerische Tiefe, die nichts Anziehendes an sich hatte. Man war wahrscheinlich tot, wenn man springen würde, es sei denn, man würde auf das Dach eines zufällig vorbeifahrenden Autos prallen und im Spital aufwachen, dann mußte man es später noch einmal versuchen.

Das Zimmer brachte mich um, daran gab es keinen Zweifel. Da das Restaurant im Hotel mehr oder weniger leer war, machte ich mich auf die Suche nach einem anderen Lokal. Ich wollte unter Menschen sitzen, die mich wahrnahmen, aber nicht mit mir reden wollten. Die Vorstellung, jetzt mit einem Innsbrucker ins Gespräch zu kommen, war so entsetzlich, weil ich ja wusste, wie viel Energie mir entzogen würde. Aber ganz ohne Menschen ging es eben auch nicht.

Direkt am Inn, der durch den Dauerregen zur Freude der Touristen gewaltige Wassermassen theatralisch aufschaukelnd bewegen durfte, fand ich ein italienisch klingendes Gasthaus, das vertrauenerweckend aussah und, wie sich herausstellte, von Kroaten betrieben wurde; es war voll besetzt und laut, so laut, dass die Kellnerin ihr hartes Ohr auf meinen Mund pressen musste, um die Worte Gnocchi, Wein und Wasser zu verstehen. Zum Zeichen des Einverständnisses hob sie den Daumen. Alles paletti, wird gebracht.

Ich musste an Trakls Grab denken, nicht an Trakls Gedichte, sondern an Trakls Grab, und wollte es auf der Stelle aufsuchen. Warum liegst du jetzt nicht neben Trakl, ging es mir durch den Kopf, oder auf dem Grabstein von Trakl, um seine von Kälte und Regen gepeinigten Knochen zu wärmen. Kommt es nicht ohnehin darauf an, mit welchen fremden Knochen man in die Ewigkeit eingehen will, nachdem man mit zufällig getroffenen Menschen sein Leben verbracht hat? Wir gehen unser Leben lang über Knochen, wir können es knacken und brechen hören, ohne dass wir uns unterbrechen lassen in unseren Reden, sogar dann nicht, wenn wir einmal mit gesenktem Blick reden, wenn uns die Worte aus dem Mund und auf den Boden fallen, auf die dünne Erdkrume, die die Knochen bedeckt. Aber wo in dieser schweren Dunkelheit draußen war Trakls Grab?

Der Wirt (oder der Oberkellner?) dieses lauten Lokals hatte mich, den Einzelnen, an einen winzigen Ecktisch gesetzt, damit ich ihm, wie er mir freimütig erklärte, mit meinem kalkweißen Gesicht nicht einen Vierer blockiere, denn heute könne er jeden Stuhl verkaufen, heute sei sein Glückstag. Er hatte mir auch zu den Gnocchi geraten, die seine Mutter am Vormittag selber, mit der Hand, hergestellt habe, bessere Gnocchi, schrie er mir ins Ohr, können Sie in ganz Innsbruck nicht finden. Ich bin doch nicht nach Innsbruck gekommen, um hier die besten Gnocchi der Stadt zu essen, wollte ich zurückschreien. Warum war ich denn eigentlich in Innsbruck? Weil mich ein junger Theologe in diese Stadt gelockt hatte?

Während ich mit spitzen Fingern mein Essen, Gnocchi in uraltem Fett, anrührte, beobachtete ich eine junge Frau, die ebenfalls allein, an einem Zweiertisch mir gegenüber, saß und sich mit einer seltsamen Ernsthaftigkeit einem Salat widmete. Sachlich und genießerisch zugleich faltete sie die Salatblätter zu verträglichen Häufchen zusammen, tunkte sie in die Sauce und ließ sie ohne Zögern im Mund verschwinden. Ein großartiger Anblick. Während alle Esser um mich herum gedankenlos die scheußlichen Dinge von ihren Tellern pickten und ohne nähere Prüfung in die immer weiter redenden Münder stopften, als sei Essen ein unpersönlicher Akt der Nahrungsaufnahme, ging sie mit ihrem Salat so achtsam um wie jemand, der den Salat selber angebaut und gepflückt hat. Sie war aber nicht nur mit ihrem Essen beschäftigt, sondern lugte gelegentlich auch auf ein elektronisches Gerät, das akkurat neben dem Messer lag und jeweils für kurze Momente ihre Aufmerksamkeit fesselte. War wohl nichts, mit dieser Geste schüttelte sie den Kopf, wobei ihre dunklen, zu einem sogenannten Pferdeschwanz zusammengebundenen Haare für eine halbe Sekunde außer Fassung gerieten. Sie hatte ein liebliches Madonnengesicht, ein leuchtendes Gesicht mit strahlenden Augen, über das gelegentlich für jeden, der sie anschaute, sichtbar ein Schatten lief. Wie schön das aussah! Dieser eine, sekundenkurze Wusch, der aus der gleichmäßigen Oberfläche ihres Gesichts einen bestürzenden Abgrund machte! Ich hätte in diesen Momenten mein Leben dafür gegeben, zu wissen, wer es gewagt hatte, dieses Gesicht elektronisch beim Essen zu stören.

Als die junge Frau Anstalten machte, nach der Kellnerin zu schauen, kam ich ihr zuvor, indem ich die Kellnerin bat, die Salatesserin zu fragen, ob ich ihr eine Frage zu Trakl stellen dürfe, denn nach dieser halben Stunde des hoffentlich unbemerkten Zu-ihr-hin-Spähens war mir klar, dass sie als Einzige zu dieser späten Stunde in diesem Restaurant wissen musste, wo der Dichter begraben lag.

Als die Kellnerin ihr diese Botschaft des stummen Gastes ins Ohr schrie, sah ich, wie sie einen Augenblick lang sich aus ihrer Konzentration löste und zu mir blickte. Ein blitzartiger Wärmestrom ging durch mich hindurch, ich spürte, wie in diesem Moment all der trübe Weltschmerz zerrann und das Elend verflog. Ich sprang viel zu hastig auf, griff mir vom Buffet eine Serviette und eilte zu dieser Frau, die mich ohne Arg, eher ein wenig spöttisch anschaute. Ich habe, sagte sie, mich schon gewundert, warum Sie mich die ganze Zeit so unverwandt angestarrt haben, aber ich wäre nie auf die Idee gekommen, dass Sie mich zu Trakl befragen möchten. Normalerweise muss ich andere Fragen abwehren.

Ich war zu beschämt, um darauf antworten zu können, überhaupt fiel mir nichts ein, womit ich meinen Aufenthalt neben dieser schönen Frau hätte rechtfertigen können. Ich war viel älter als sie und ein wenig vertrottelt und hatte im Moment nichts an mir, was ich für mich in die Waagschale werfen konnte. Ich will mich nur für einen Moment in Ihrer Nähe aufhalten, rief ich, zu laut und zu hysterisch, um glaubhaft zu klingen. Aber ich brauchte ihr gar nichts erklären, sie wusste alles, sah alles mit einem Blick, und vielleicht bedauerte sie mich auch ein wenig, wie ich mit der Serviette da neben ihr kauerte und sie inständig bat, mir den Weg zu Trakls Grab aufzuzeichnen, wo ich doch, wie sie es längst durchschaut hatte, einen präzisen Wegweiser zu ihrem Herzen haben wollte.

Ich legte die Serviette mit der Wegbeschreibung sorgfältig zusammen und verstaute sie in meiner Jackentasche, in der Nähe des Herzens, und während ich ihr für die Zeichnung dankte, schossen mir plötzlich die Tränen aus den Augen, so unaufhaltsam und befreiend, wie ich es seit Jahrzehnten nicht mehr erlebt hatte. Ach, du liebe Güte, da hat sich ja was angesammelt, sagte die schöne Frau trocken, das muss alles erst mal heraus, bevor Sie zu Trakls Grab wandern. Sie legte ihre Hand auf meinen Arm und ließ mich flennen, holte viele weitere Servietten, die ich vollheulen konnte, wuschelte mir einmal durch die Haare, als mich eine Serie von Seufzern zu zerreißen drohte, und war insgesamt von einer Präsenz, in deren Schutz ich mich angstlos sicher fühlte. Sie hielt uns, wenn ich so sagen darf, sogar die anderen Gäste vom Leib, die, entweder aus Neugier oder weil sie helfen wollten, sich um unseren Tisch versammelt hatten und die Pietà bestaunten, die da vor ihren Augen zerfloss.

Ich lief mit dieser schönen Frau durch das Hochland von Peru und durch den Central Park, sie zog mich in Afrika von einem Krankenlager und hielt mir am reißenden Amazonas einen Stock hin, mit dessen Hilfe ich tatsächlich das Ufer erreichte, wir aßen Knödel auf dem Hradschin und Stockfisch in einer Hafenkneipe in Portugal, und immer, wenn ich sagte, Sie müssen sich irren, ich bin ein anderer, schaute sie mich mit ihren wissenden Augen so freundlich an, dass ich jede Identität angenommen hätte, um in ihrer Nähe zu verbleiben.

Als ich aufwachte, saß die Kellnerin neben mir und machte die Abrechnung. Ich sah auf ihre rissigen Fingernägel, von denen der Lack abgesplittert war. Um die großen

Scheine hatte sie ein Gummiband gelegt, jetzt war sie dabei, die Münzen zu zählen, die sie jeweils zu zehn Stück zu einem Türmchen aufbaute. Der Wirt (oder der Oberkellner?) saß ein paar Tische weiter und trank ein Bier, neben ihm lungerte ein letzter Gast mit einem Hund, der aussah, als hätte man ihm die Schnauze mit einem Tritt in den Kopf gestoßen. Außer dem Klicken der Münzen war kein Laut zu hören. Der Freund von der Frau von neben ihnen hat sie abgeholt, sagte die Kellnerin, ohne ihre Arbeit zu unterbrechen, sie lässt Sie grüßen, und Sie sollen auf keinen Fall heute Nacht noch auf den Friedhof gehen.

Ich zahlte, gab der Kellnerin einen Schein als Trinkgeld und machte mich auf zum Grauen Bären, den ich jetzt, in der sternenlosen Nacht, in wenigen Minuten erreichte. Weil ich das Fenster offen gelassen hatte, war es eiskalt im Zimmer. Ich streifte die immer noch durchnässten Schuhe von den Füßen und legte mich mit den Kleidern ins Bett, löschte sofort das Licht und fiel, das Bild der Namenlosen vor Augen, alsbald in einen traumlosen Schlaf.

Am nächsten Morgen machte ich mich sofort auf den Weg. Ich wollte jetzt nicht mehr zu Trakls Grab, sondern zum Reschenpass; in der Nacht war offenbar ein Schalter in mir umgelegt worden. Auf der Passhöhe sah es aus, als hätte ein gewaltiger Sturm sämtliche Bäume hinweggefegt, nur hier und da Strünke, die wie zerfledderte Mikrofone aus dem vom Regen niedergedrückten Gras aufragten. Eine Mondlandschaft, und tatsächlich sah ich, als ich dies dachte, einen blassen Mond über der Höhe stehen, dem selbst die Winde nichts anhaben konnten. Ein lächerlicher Mond, dachte ich, ein boshaftes, kaltes Gestirn, aber er weiß wenigstens, wo er hingehört, und er bescheint selbst mit seinem verblassenden Licht das Wunderbare, das sich unter ihm ausbreitet, bevor es ein Opfer des Regens wird.

Obwohl ich keine Karte dabei hatte, fand ich sofort das Dorf und den Gasthof wieder, den ich suchte. Es lag auf einer Anhöhe, der Gasthof in südlicher Richtung daneben; aus seinen Fenstern blickte man ins Etschtal hinunter, über dem sich die Berge staffelten zu einer eindrucksvollen, gebieterischen Passage. Jetzt, im späten Herbst, da die Bäume schon alles Laub verloren hatten und nur die Tannen und Lärchen noch für Belebung unter dem düsteren Himmel sorgten, kann man sich vorstellen, was im Frühjahr, von der Apfelblüte an, bis in den frühen November unvorstellbar ist, dass hier nämlich ein Menschenschlag siedelt, der aus abgrundtiefer Verzweiflung zu den brutalsten Ausfällen neigt. Wie oft habe ich, in den achtziger Jahren des vorigen Jahrhunderts, in einem kleinen Dorf in der Provinz Bozen miterleben müssen, mit welcher Brutalität der nachbarliche Streit geschlichtet wurde; wie oft habe ich, nach kurzer Abwesenheit, Freunde angetroffen, denen ein Auge fehlte oder die nach Prügeleien den Verstand eingebüßt hatten, und noch heute muss ich an den Buben meines damaligen Nachbarn denken, der wegen einer lächerlichen Mutprobe mit seinem frisierten Moped in eine Schlucht gefahren war, aus der man ihn nur noch als Knochenhaufen bergen konnte. Das Wölfische, das diesem Menschenschlag eigen ist, in Verbindung mit dem naivsten Katholizismus, hat in dieser Kultur gerade im Winter eine verheerende Wirkung ausgeübt, die im Sommer von den Apfelblüten nur notdürftig zugedeckt wird. Ich hatte mein Haus, welches ich erworben hatte, weil ich ein festes Dach über dem Kopf brauchte, einen Ort, der mich freudig erwartete und nach dem ich mich sehnte, verkauft, ich wollte mit den im Winter verrohenden Sonderlingen, die sich gegenseitig die Pest an den Hals wünschten, nicht mehr zusammenleben. Als der Nachbar seinem toten Hirtenhund das Fell über die Ohren zog und sich daraus einen Pelzkragen anfertigen ließ, war das Maß voll – hierhin wollte ich nie mehr zurück.

Aber nun hatte mich die Gegend wieder angezogen.

Mein Vater, ein klassischer Archäologe, hatte sich in Rom erhängt, als seine lieben Schüler mit Fleiß und Schadenfreude seine NS-Akten hervorgekramt und veröffentlicht hatten. Er hatte sich die letzten Jahre seines Lebens in die Benediktinerabtei in Farfa in den Sabiner Bergen bei Rom zurückgezogen, über deren gotische Wandmalereien er schon seine Dissertation geschrieben hatte. In verschiedenen Veröffentlichungen machte er den Fehler, das katholische Auslands-Deutschtum, das er in Farfa zu seiner höchsten Blüte gesteigert sah, so ostentativ herauszustellen, dass seine engsten Schüler sich die Frage stellten, was der Autor dieser pathetischen Preisung des Doppeladlers des Heiligen Römischen Reiches Deutscher Nation während der NS-Zeit getrieben hatte. Stilistische Eigentümlichkeiten, altmodische Wendungen hatten ihn zu Fall gebracht, das Ergebnis der Recherche war niederschmetternd: Intrigen, Denunziation, Entlassungen wegen antideutscher Einstellungen, sämtliche veröffentlichte Dokumente trugen seine deutliche Unterschrift, und auch wenn nicht klar war, ob er diese Dokumente als Vorgesetzter lediglich unterschrieben hatte, kam für ihn nur der Freitod in Betracht. Wir hatten natürlich nicht glauben wollen, dass einer, der sich für die Gotik begeistert hatte, der aber auch jedes andere italienische Bild kannte und bestimmen konnte, für solche miesen Schurkereien zu haben war, aber die Beweise waren eindeutig. War er aus Karrieregründen auf die schiefe Bahn geraten oder hatte er tatsächlich geglaubt, das Auslands-Deutschtum, wie es bei ihm immer hieß, mit dem faschistischen Deutschland zu verbrüdern? Am Ende war er offenbar zu schwach, sich wie seine Kollegen aus der Kunstwissenschaft eine andere Vergangenheit zu erfinden. Viele Jahre lang hatte ich mir vorgestellt, wie er in seiner kleinen römischen Wohnung den Entschluss fasste und ausführte, sich umzubringen.

Ich war mit meiner Mutter im Auto nach Rom gefahren, um die Habseligkeiten meines Vaters, die er in seinen zwei Zimmern an der Via Nomentana hinterlassen hatte, nach Hause zu bringen und die Formalitäten zu erledigen. Es wurde eine katastrophale Fahrt. Zum ersten Mal in meinem Leben war ich zwei Tage hintereinander mit meiner Mutter eingesperrt, mit einer schreienden, Gott und die Welt verfluchenden Frau, die unter Krämpfen und Erstickungsanfällen beide Familien, die meines Vaters und die eigene, zur Hölle wünschte. Mein kleines Kapital an Illusionen war rasch verbraucht, es hatte sich im Hass meiner Mutter aufgelöst. Dabei konnte ich nicht einmal sagen, ob es enttäuschte Liebe war, die sie zur Furie machte, oder ob ihr eigenes Leben sinnlos geworden war. Sie selber hatte sich in einen Hassklumpen verwandelt, an dem jedes noch so vorsichtige Fragen und Argumentieren abprallte.

In dem Gasthaus, in dem ich jetzt wieder eingekehrt war, hatten wir Station gemacht, um am nächsten Morgen weiter nach Rom zu fahren. Sie hatte mich gezwungen, mit ihr zusammen das Zimmer Nummer 2 zu bewohnen, eine winzige Kammer, in der noch heute die zwei schmalen Betten, der bemalte Bauernschrank und die Waschkommode mit der Emailschüssel standen, über die meine Mutter, die ich bis dahin nie unbekleidet gesehen hatte, sich beugte, um sich mit einem Waschlappen die Achseln zu reinigen. Die ganze Nacht über war an Schlaf nicht zu denken, weil sie ununterbrochen wirre Verwünschungen ausstieß und sich so rücksichtslos herumwälzte, dass ich Angst hatte, sie würde das im Nachbarzimmer schlafende

Gastwirtspaar aufwecken, das am nächsten Morgen tatsächlich froh zu sein schien, uns loszuwerden. Ein solches aufgebrachtes Wesen hatten sie noch nie beherbergt.

Meine Mutter bestand sogar darauf, dass wir bei der Rückkehr von Rom wieder hier übernachteten. Die Papiere des Vaters, Aufzeichnungen, Briefe, Manuskripte, hatten wir in Beutel gestopft, die Bücher hatte eine Bibliothekarin der Hertziana zusammen mit den ausgeliehenen Arbeiten über die Benediktiner in Farfa abgeholt, den Rest, ein paar Vasen, Geschirr, einen alten Fernsehapparat, eine Postkartensammlung, etruskische Nippesfigürchen, einen abgewetzten Teppich und die Kleider schenkte ich dem Hausmeister, der dafür meinen Vater in den allerhöchsten Floskeln als generösen, freundlichen Hausgenossen beschrieb, den Neid und Missgunst in den Tod getrieben hätten. Ich stellte mir vor, wie der Hausmeister am nächsten Wochenende auf dem Flohmarkt stehen würde, um den Nachlass meines Vaters zu verkaufen, und wie wenig später ein Somalier oder ein Syrer im Zweireiher meines Vaters durch Rom marschierte, in der Hand seinen Regenschirm und an den Füßen seine ausgetretenen Schuhe. Am Abend war die Wohnung leer, mein Vater hatte, außer ein paar Geheimnissen, nichts hinterlassen, jedenfalls nichts von sogenannter Bedeutung. Als ich mit dem Hausmeister die kleine Behausung an der Porta Pia verließ, entfernte ich als Letztes ein über dem Telefon mit einer Reißzwecke befestigtes Foto von mir, auf das er mit lila Filzstift meine Telefonnummer geschrieben hatte. Schon damals, an diesem unglücklichsten Tag meines Lebens, konnte ich mich nicht erinnern, je mit ihm in Rom telefoniert zu haben. Ich hatte ihn ein paarmal besucht und war mit ihm durch die Kirchen gegangen, aber wenn ich mich richtig erinnere, war er mir als eine besonders kenntnisreiche Art von Führer vorgekommen, nicht als ein Vater.

Ich fuhr also mit der Mutter, die trotz ihres aufgelösten Zustands sämtliche amtlichen Notwendigkeiten erledigt hatte – der Vater sollte, aus Gott weiß welchen Gründen, in Deutschland beerdigt werden, obwohl er sich ausdrücklich ein Grab in Farfa gewünscht hatte –, wieder nach Norden und musste mir erneut alle Bosheiten anhören, die sie gegen den Vater und seine vermaledeite Familie vorbrachte, die zusammen alles unternommen hätten, um sie, die Mutter, aus dem Leben zu drängen, wie sie sich ausdrückte. Bei der Rückreise bestand ich darauf, in einem eigenen Zimmer zu übernachten, auch weil ich fürchtete, dass ich sie möglicherweise schlagen könnte, um sie zur Besinnung zu bringen. Ich hatte nach dem Essen kaum mein Zimmer abgeschlossen, als sie mit beiden Fäusten gegen die Tür trommelte und unter Tränen mit gequetschter Stimme ausrief, dass alle es hören konnten: Wenn du glaubst, dass du der Sohn deines Vaters bist, hast du dich gewaltig geirrt. Aber wie sollte ich einer Frau Glauben schenken, die außer sich war? Und was hätte es geändert?

Ich habe meine Mutter nie wiedergesehen. Noch in der Nacht rief ich meine Schwestern in Regensburg an, dass sie die Mutter abholen sollten; ich selbst fuhr kurz nach Mitternacht allein nach Hause und stapelte Vaters Papierkram in mein Gästezimmer, in dem ich ihn bis heute aufbewahre. Immer soll es eine Antwort geben am Ende des Lebens, aber es gibt keine. Es ist eine kleinbürgerliche Vorstellung, dass sich etwas vollenden solle, ein feiges Kneifen vor der Macht des Zufalls. Schlimm war nur, dass ich nach dem gewaltsamen Tod meines Vaters nun auch meine Mutter verloren hatte, von der mir nur ihr hassverzogenes Gesicht im Gedächtnis geblieben war, eine Hassmaske, die sich diese sanfte Frau vor ihr Gesicht geklebt hatte.

Jetzt übernachtete ich also zum dritten Mal in meinem Leben in diesem Dorfgasthaus. Die Wirtsleute, inzwischen uralt, erkannten mich sofort wieder und ließen mich in Zimmer Nummer 2 schlafen; ich blieb drei Tage. Ich hatte das Gefühl für Zeit verloren, und die Vorstellung, dass diese bald abgelaufen sein könnte, irritierte mich keineswegs. Sie war abgelaufen.

Tagsüber machte ich lange Spaziergänge, abends saß ich mit den Wirtsleuten vor dem Kamin und streichelte die Katze in meinem Schoß. Ich nannte sie Ezra, in Erinnerung an den amerikanischen Dichter, den ich in meiner Jugend ganz in der Nähe auf der Brunnenburg besucht hatte; ein Besuch ohne Worte. Ein alter Mann mit einem Strohhut auf dem Kopf, der mich Sätze der Bewunderung stammeln ließ, ohne auch nur einmal mich anzuschauen. Weiß der Teufel, an was er dachte, als er mich reden hörte. Vielleicht hat er mich gar nicht wahrgenommen. Der Katze fehlte das linke Auge und ein halbes rechtes Ohr, dafür schnurrte sie für drei.

Die Wirtsleute hatten mir gleich nach meiner Ankunft ein Notizbuch meines Vaters überreicht, das ich bei meinem letzten Besuch in ihrem Gasthaus nachts lesen wollte, aber dann ungelesen vergessen hatte. Es war in braunes Kunstleder gebunden und bis zur letzten Seite vollgeschrieben mit seiner winzigen Schrift; sogar der rückwärtige Einband trug noch Notizen. Sie stammten aus dem Jahr meiner Geburt.

Am letzten Abend, nach einem köstlichen Essen und einer Flasche Wein, setzte ich mich wieder mit Ezra vor den prasselnden Kamin, holte mein Manuskript aus der Reisetasche und warf es zusammen mit dem Notizbuch meines Vaters ins Feuer. Das Kunstleder wehrte sich noch eine Weile gegen die Flammen, dann gab es auf.

Es war wirklich Zeit, ein neues Buch anzufangen.

Aus dem Leben eines Schriftstellers

1

Zu meinem siebzigsten Geburtstag erhielt ich den freundlichen Brief eines Stuttgarter Antiquars des Inhalts, im Falle meines Ablebens meine gesamte Bibliothek kostenfrei abholen zu wollen. Abholung gleich Bezahlung, hieß das, Bücher waren nichts mehr wert. Solange man in ihnen las oder sie um einen herum standen als Ablagerungen eines langen Leselebens, hatten sie eine Bedeutung, aber nach dem Weggang ihres Besitzers waren sie offenbar so leblos und wertlos wie die Steine und Federn und Postkarten, die vor ihnen aufgebaut waren. Es waren sicher fünfzehntausend Bände, die ich in meinem Haus in einem Dorf in der Nähe von Ravensburg untergebracht hatte, nach einem System geordnet, das ausschließlich mir bekannt war. Seltene Erstausgaben standen neben Zufallsfunden, von Kollegen signierte Bücher neben den manchmal noch nicht einmal von ihren Zellophanhüllen befreiten Romanen, die mir mit der Bitte um Beachtung zugesandt worden waren. Wenn hinten auf dem Umschlag stand, „Einen solchen Roman habe ich lange nicht mehr gelesen!“, wurde er von mir nicht von seiner Zwangsverpackung erlöst. Die seltene Gesamtausgabe von Max Scheler stand neben meiner kleinen Novalissammlung, die sich mit ausgefallener Reiseliteratur das Regal teilen musste. Nur ich wusste, wo was zu finden war. Manche seltenen Stücke, wie die Erstausgabe des „Ulysses“, standen in der zweiten Reihe, weil einige meiner Freunde dazu neigten, die vermeintliche Unordnung der Bibliothek auszunutzen und Bücher mitgehen zu lassen. Gelegentlich fand ich sie dann in Antiquariatskatalogen wieder, wie meine signierten Scheerbartausgaben oder die Essays von Paul Valéry, die er Léautaud gewidmet hatte. Auch die schönen Postkarten von Rolf Dieter Brinkmann aus Rom, auf denen er mir von seiner Brentano-Lektüre berichtete, hatten im Lauf der Jahre Abnehmer gefunden. Manchmal spielte ich mit dem Gedanken ... nein, das gehört nicht hierher.

Ich saß im Zug von Hamburg nach Hause, mit schweren Kopfschmerzen. Am Abend zuvor hatte mein Verleger eine große Party gegeben, um das Erscheinen der Frühjahrsbücher zu feiern. Es wurde viel getrunken, wie früher. Einige der älteren Kritiker kannte ich noch, wir sprachen von früher, wie üblich, und immer in den höchsten Tönen. Ich weiß nicht, warum ich mich auf die Strapazen der Reise eingelassen hatte, aber eine innere Stimme hatte mich schließlich überredet. Ich war am Nachmittag durch die Kunsthalle gelaufen, um mich von einigen Bildern zu verabschieden, weil mir plötzlich klargeworden war, dass ich wahrscheinlich nie mehr nach Hamburg kommen würde. Ich war fast der einzige Besucher und konnte ohne Belästigung lange mit Ruisdaels Wanderern über die Dünen schlendern und den Wäscherinnen zusehen. Die knorrigen Weiden auf den Bildern sollten als christliche Symbole angeschaut werden, ich sah sie mit Vergnügen als Weidenbäume an, wie ich sie aus meiner Kindheit kannte. Mein Verleger hatte mich im Café der Kunsthalle abgeholt, um mit mir zusammen zu einer sogenannten Kulturfabrik zu gehen, wo die Party stattfinden sollte. Wo früher Arbeiter schufteten, wurden jetzt Kulturevents inszeniert, immerhin eine Verbesserung. Arbeiter waren auf der Party nicht zu sehen, sie mieden offenbar ihre alte Wirkungsstätte. Arbeiter des Kopfes, so nannten sich früher einige meiner Kollegen, um den Abstand zu den wirklichen Arbeitern nicht zu groß erscheinen zu lassen. Aber er blieb groß.

Auf dem Weg zur Kulturfabrik entwickelte mein Verleger, ein Mann mit vielen Talenten, dessen herausragendstes es war, seine Autoren enthusiastisch anzufeuern, einen Plan für ein neues Buch, das ich schreiben sollte. Ich liebte ihn für seine geradezu kindliche Liebe zur Literatur, die er immer bedroht sah, am meisten natürlich durch den furchtbaren und immer furchtbarer werdenden Literaturbetrieb, dessen prominenter Teil er war. Besonders die jungen Autorinnen hatte er auf dem Kieker, die enorme Vorschüsse forderten, aber nicht schreiben konnten, manche von ihnen, rief er gegen den Wind, seien so blond, dass auch in Zukunft nichts von ihnen zu erwarten sei. Ich musste lachen, weil er solche Erregungen nur vorbrachte, um indirekt mich zu loben, weil ich nie einen Vorschuss verlangt hatte, und ich wusste, dass er am Abend, bei seiner Party, alles daran setzen würde, in die Nähe der jungen blonden Autorinnen zu gelangen, und er wusste es natürlich auch. Je harmloser, desto besser fürs Geschäft. Um all die jungen Leute unterzubringen, hatte er Reihen und Imprints, wie er das nannte, entwickelt, wo sie sich ihre Geschichten erzählen konnten, und er legte Wert darauf, dass sie den Teil des Verlages, in dem die bedeutende Literatur erschien, nicht „touchierten", einer seiner Lieblingsausdrücke. Das Reine durfte keinesfalls vom Unreinen touchiert werden, das war seine allergrößte Sorge. Ich gehörte natürlich zu den Reinen, daran ließ er keinen Zweifel.

Sein Plan, den er mir an der windigen Alster auseinandersetzte, bestand darin, dass ich die Neufassung eines Romans schreiben solle, den ich vor vierzig Jahren veröffentlicht hatte. Er war mein größter Erfolg gewesen, das Hörspiel nach dem Roman wurde in den Rundfunkanstalten immer wieder gesendet, viele Jahre lang mussten Schüler ihn im Unterricht interpretieren, schließlich gab es eine nicht besonders geglückte, aber sehr erfolgreiche Verfilmung, die auch im Ausland gezeigt wurde. Mit diesem Buch hatte ich viel Geld verdient. Es handelte davon, dass ein Patriarch, eine der wirtschaftlichen Gründerfiguren der Bundesrepublik, wie Grundig oder Schickedanz, eine pompöse Figur, die eigentlich nur Geld verdienen wollte, aber dann eine gesellschaftlich vorbildliche Rolle zugewiesen bekam, die ihn zunehmend mehr interessierte als das viele Geld, dass dieser Mensch also auf dem Sterbebett liegt und seine fünf Kinder um sich versammelt. Merkwürdigerweise hatte ich ihm nur Söhne geschenkt. Diesen fünf Männern in den besten Jahren legt er die Frage vor, was sie mit der Firma und dem Geld, das sie erben würden, anzustellen gedächten, von ihren Antworten würde es abhängen, wie er seinen letzten Willen formuliere. Ist das geschehen, wolle er sterben. Das Buch war in einem seltsam feierlichen Stil geschrieben, manchmal klang es archaisch, dann wieder wie ein Märchen, auf jeden Fall begeisterte es die damaligen Leser, die sich jeweils mit einem der Söhne identifizieren konnten. Damals hatte ich lange darüber nachgedacht, wie ich die Glorreichen Fünf emblematisch so hinkriegen konnte, dass tatsächlich alle denkbaren Varianten vorkamen, also der Sparsame und der Verschwender, der Risikofreudige und der Risikovermeider, der an das Gemeinwohl denkende Sohn, der dem Vater in seiner neuen Rolle schmeicheln wollte, und der harte Expansionist, der den Weltmarkt im Auge hatte. Am (heute muss ich sagen: flauen) Ende der Geschichte erleidet der Vater, kaum hat der jüngste Sohn seine soziale Vision von der Zukunft der Firma vorgetragen, einen Herzanfall und stirbt, und im letzten Kapitel wird kurz berichtet, dass nun die fünf Söhne, ungeachtet ihrer eben noch hohen ethischen Versprechungen, übereinander herfallen und die Firma an den Rand der Pleite bringen. Ich hatte das Buch in den vergangenen Jahren nicht mehr in die Hand genommen, aber wenn ich mich richtig erinnere, bestand seine Intention – so jedenfalls befanden damals die Kritiker – darin, für ein verantwortungsvolles Unternehmertum zu werben. War ich wirklich so größenwahnsinnig gewesen? Nein, das Gegenteil war der Fall. Mich interessierte damals, was diese langsam abtretende Generation, die den Krieg miterlebt und den sogenannten Aufbau bewerkstelligt hatte, von sich selber hielt und wie sie von ihren Söhnen gesehen wurde. Wie aus den Nazis gute Bürger wurden. Und mich interessierte auch, warum plötzlich das Geld, das Kapital, zum alleinigen Zahlungsmittel aufsteigen konnte.

Die Idee, die mein Verleger nun gegen den immer unangenehmer werdenden Wind, wie er in dieser Stadt üblich ist, anschrie, bestand darin, dass ich eine zeitgemäße, der Entwicklung des Kapitalismus angepasste Neufassung schreiben sollte, wofür er mir, ganz gegen seine Gewohnheit, einen horrenden Vorschuss in Aussicht stellte. Er redete sich, trotz der widrigen Wetterverhältnisse, in Rage, ließ alle Namen sämtlicher Familienbetriebe fallen, von Bertelsmann bis Quandt und Otto und Neckermann, dass ich schon fragen wollte, ob er nicht der geeignetere Autor dieses geplanten Buches sei, als er zu seinem entscheidenden Argument für die Dringlichkeit dieser neuen Typologie kam, nämlich zu den Frauen. Du musst die Frauen einbeziehen, rief er mit hochrotem Gesicht, die Frauen in der ersten Reihe und natürlich die Frauen in der zweiten Reihe, die das Geld, das in der ersten Reihe verdient wird, ausgeben, all die Kunstsammlerinnen und Stiftungsmanagerinnen, die das Bild Deutschlands in der Welt geprägt und dem Kapitalismus ein anderes Gesicht gegeben haben. Die Frauen am Bett des Patriarchen, schrie er, die gerade aus Bayreuth zurückkommen oder von der Biennale in Venedig und sich nun über den Mindestlohn auslassen, die in sündhaft teuren Kleidern stecken, aber den Arbeitern in Pakistan nur Pfennige anbieten, die sich vor dem Alten auf dem Totenbett darüber unterhalten, ob die Krankenkasse auch alles übernimmt, und weil ich nicht ein Wort sagte, fragte er nach jeder seiner sogenannten Ideen zur Neufassung meines Romans: Verstehst du, was ich meine? Gottlob waren wir am Ort des Events angekommen, sodass er endlich Ruhe gab. Überleg dir das, rief er mir noch zu, bevor er sich den blonden Autorinnen in die Arme warf.

Auf der Party wurde mir meine neue Lektorin vorgestellt, die alte hatte sich leider in den Ruhestand verabschiedet. Mit ihr hatte ich vierzig Jahre lang gearbeitet, eine gewissenhafte, zu trockener Ironie neigende Frau, die jedes falsche Komma ausgemerzt und noch eine Begründung an den Rand geschrieben hatte, warum ich darauf verzichten solle, und wie um mich zu trösten, hatte sie das Komma dann an anderer Stelle eingefügt, damit es nicht ganz verloren ging. Sie war nicht nur eine Spezialistin für die Rechtschreibreform, sondern auch für erste Sätze gewesen, an denen wir oft wochenlang in Briefen herumgefeilt hatten. Ich hatte sie in meinem Abschiedsbrief gefragt, ob sie, sollte ich noch ein Buch schreiben, auf freier Basis das Lektorat übernehmen wolle, aber sie hatte abgelehnt. Offenbar hatte man sie nachlässig behandelt, jedenfalls wollte sie mit dem Verlag nichts mehr zu tun haben. Sie züchtete jetzt Rosen in der Nähe von Freiburg.

Die neue Lektorin, Dagmar, zog mich gleich nach der Begrüßung in eine Ecke der kalten Festhalle, um mir die Vorstellungen des Verlags zu meinem Buch zu erläutern, offenbar hatte man schon ganz offiziell darüber geredet und war davon ausgegangen, dass ich zusagen würde. Sie hatte, ungewöhnlich für eine Lektorin für Belletristik, Soziologie studiert, was ihr Interesse an dem mir angetragenen Projekt verständlich machte. Sie redete sehr schnell, gewissermaßen ohne Punkt und Komma, und knetete jeden Satz mit ihren festen, unruhigen Händen nach. Da ich selber noch keine Sekunde über die Neufassung meines Buchs nachgedacht hatte, ließ ich sie reden und schaute sie nur an, trank fürchterlich schmeckenden Rotwein und schwieg. Eigentlich hatte ich mich entschlossen, nichts mehr zu schreiben, auf gar keinen Fall aber einen Roman. Ich wollte meine Notizbücher durchschauen, exzerpieren, vielleicht einen Band mit Notaten zusammenstellen oder einen Aufsatz schreiben. Romane sollten jetzt andere verfassen, es gab genug junge Schriftsteller um uns herum, die nur darauf warteten, endlich entdeckt und gefördert zu werden. Und alle wollten mit Dagmar reden und kamen uns gefährlich nahe, wurden aber von ihr, was mir schmeichelte, auf Distanz gehalten. Sie wollte nur mit mir reden.

Wenn ich sie richtig verstanden habe, schwebte ihr vor, dass ich nicht nur die Veränderungen in der „Unternehmenskultur“ beschreiben, sondern, nach der Bankenkrise, ein Porträt des Kapitalismus insgesamt, eine Art literarisierter, also verständlicher, eingängiger Kapitalismuskritik entwerfen solle. So etwas fehlt, hatte sie gesagt, und wenn einer in der Lage ist, die neuen Figurationen und Konstellationen, und wie sie sich auf den Einzelnen und auf die Gesellschaft insgesamt auswirken, darzustellen, dann sind Sie es. Sie schreiben das erste wahrhafte Buch des einundzwanzigsten Jahrhunderts, es wird alle anderen Versuche, die elementaren Wirkkräfte des Kapitalismus auch nur annähernd zu erfassen, vom Regal fegen.

Dagmar redete und redete, wie es ihre Generation gelernt hat, Problem erkannt und jetzt rasch die Lösungsvorschläge her und an die Arbeit, ich wurde müder und müder und immer sicherer, dass sie mich mit jemand verwechselte. Auf dem tiefsten Punkt meiner Erschöpfung – ich war nahe daran, unter den Tisch zu sinken – stand diese schöne und stämmige Frau plötzlich auf, umarmte mich herzlich und dankte mir überschwänglich für die Zusage. Wir werden das Kind schon schaukeln, da könne ich ganz sicher sein. Sie würde jeden Schritt meiner Schreibarbeit begleiten, flüsterte sie mir ins Ohr, was so klang wie überwachen, ich solle mir keine Sorgen machen, sie würde notfalls auch für längere Zeit mich besuchen kommen, um den Fortgang an Ort und Stelle mit Tat und Rat zu unterstützen. Das wird ein großes Buch, rief sie, im Abgehen, mir noch zu, während ich nun sicher war, es auf gar keinen Fall schreiben zu wollen, dieses nicht und auch kein anderes. Mit diesem Vorsatz stand ich auf und wurde sofort Teil des Gewühls, ein verlorener älterer Schriftsteller unter lauter jungen, die ihn ein wenig beneideten, weil er die Aufmerksamkeit der begehrten Dagmar auf sich gezogen hatte. Inzwischen war es so laut geworden, dass man sein eigenes Wort nicht mehr verstand. Merkwürdig, wie laut Buchmenschen werden können, wenn man ihnen Alkohol ausschenkt. Den ganzen Tag lang sitzen sie mucksmäuschenstill über ihrem weißen, sich nur langsam füllenden Papier, aber nach dem ersten Glas Wein spielen sie sich auf. Ein Kritiker, den ich immer bedauert habe, weil er Woche für Woche ein Buch rezensieren musste und ihm partout nichts mehr einfiel, war sogar auf einen Tisch geklettert, um etwas zu demonstrieren. Was es war, war nicht zu verstehen, aber alle brüllten vor Lachen. Beim Hinausgehen dachte ich, wie wohl eine Party von Meeresbiologen ausfallen würde oder eine Versammlung von Primzahlexperten.

Am nächsten Morgen hatte mich ein bestelltes Taxi vorm Hotel Wedina abgeholt, um mich und meine kleine Reisetasche die fünfhundert Meter zum Hauptbahnhof zu bringen. Der ICE wartete schon. Mit frischen Zeitungen und einem in der Bahnhofsbuchhandlung erstandenen Roman von Simenon, von dem ich hoffte, ihn noch nicht unter einem anderen Titel gelesen zu haben, suchte und fand ich mein Abteil und den reservierten Platz. Und mir gegenüber saß Dagmar, meine neue Lektorin.

2

Der Abstecher nach Hamburg ging mir noch lange nach. Ich musste an den verstorbenen Freund Peter Rühmkorf denken, mit dem ich einige der verrücktesten Reisen meines Lebens gemacht hatte. Zur Zeit der Militärjunta waren wir in Istanbul im Goethe-Institut aufgetreten, wo während der Lesung junge anatolische Soldaten mit Schnellfeuergewehren hinter uns standen, was bei Rühmkorf zu schwerem Stottern und zu Schweißausbrüchen führte, weil man uns gleich bei der Ankunft mitgeteilt hatte, dass am Vorabend zwei harmlose Touristen, die auf einen Zuruf von Soldaten nicht reagiert hatten, niedergeschossen worden waren. Was machen wir, wenn sie uns nicht verstehen?, hatte mich Rühmkorf gefragt, während ich besorgt war, dass die jungen Burschen riechen würden, welche Rauschmittel er seinem Tabak beigemischt hatte. Auf jeden Fall werden sie uns erschießen, hatte ich ihm zugeflüstert, es wird unsere letzte Lesung sein. Er war der angenehmste Hypochonder, der sich denken lässt. Die zwölf Pillen, die er täglich zu schlucken hatte, nahm er grundsätzlich nur mit einem Brandy zu sich, die Flasche war also immer leer. Weil eine abendliche Ausgangssperre verhängt worden war, mussten wir am Nachmittag in einen Jazzclub gehen, und natürlich verliebte er sich in die Barfrau, was dazu führte, dass wir die Nacht auf den harten Bänken der Bar verbringen mussten, eingehüllt nur in die Nebelschwaden seiner präparierten Zigaretten. Ich musste an unsere wunderbare Reise in den australischen Busch denken, wo er die sprachbegabten Rabenvögel, die sehr ernst und gut erzogen vor unserem Fenster warteten, am Morgen mit Mao-Sprüchen begrüßte, die diese nach einer Woche zur Verblüffung der Kängurus und Koalas tatsächlich wiederholen konnten. Rühmkorf und viele andere meiner Hamburger Freunde waren lange tot, warum sollte ich noch einmal nach Hamburg fahren?

Ich bin nie ein ordentlicher Schriftsteller gewesen. Nach einem verbummelten Studium war ich viele Jahre lang in der Entwicklungshilfe tätig und hatte drei Bücher über die Hoffnungslosigkeit in Afrika geschrieben, die, was die Fakten betrifft, natürlich alle überholt sind, aber dennoch gelegentlich zitiert werden, was ihnen ein langes Taschenbuchleben garantiert. Ich wurde zu einem gefragten „Afrika-Experten", und da damals alle Welt sich für Maos China oder Castros Kuba interessierte, aber keiner etwas mit Afrika zu tun haben wollte, konnte ich sagen, was mir durch den Kopf ging. Auf jeden Fall sagte ich die Wahrheit.

Danach schrieb ich eine Reihe kurzer Romane, von denen „Der Patriarch" der größte Erfolg wurde, mir aber neben dem vielen Geld auch den Neid einiger richtiger Schriftsteller einbrachte, die von meinen Auflagen nur träumen konnten. Und als ich dann noch eine Talkshow moderieren durfte, war es mit meinem Renommee in der Welt der Literatur so lange vorbei, bis ich endlich meinen ersten Gedichtband publizierte, der mir dann den Status eines Außenseiters im Literaturbetrieb zuwies. Eine Rolle, die ich gut und gerne spielte.

Eigentlich hatte ich nun mit der Schriftstellerei abgeschlossen, sieht man von einigen Hörspielen und gelegentlichen Aufsätzen ab, und natürlich den täglichen Notizen, die, unveröffentlicht, mehrere tausend Seiten füllten. Mein Ehrgeiz, die Batterie der Hefte noch einmal in die Hand zu nehmen und für eine Veröffentlichung zu bearbeiten, hielt sich in Grenzen. Wozu? Wer sollte, wer wollte das lesen? Die Angebote meines treuen Verlegers jedenfalls, sie einem jungen Wissenschaftler zur Auswertung zu überlassen, schlug ich in den Wind, nachdem der junge Germanist nach der flüchtigen Durchsicht eines einzigen Heftes zu der Ansicht gekommen war, kein Mensch seiner Generation interessiere sich für die Beschreibung synkretistischer Religionen in Afrika. Als ich den Namen Hubert Fichte fallen ließ, mit dem ich oft über meine Erfahrungen gesprochen habe und der mich immer drängte, daraus ein Buch zu machen, gestand mir der junge Mann, den Namen Hubert Fichte noch nie gehört zu haben. Also beschloss ich, die Sache auf sich beruhen zu lassen. Dieser Generation von Schlaumeiern, die alles wusste und nichts, wollte ich meine Kostbarkeiten nicht ausliefern. Ich hatte Kontakt mit einem Literaturarchiv aufgenommen, das auch gerne bereit war, die Hefte zu verwahren, und weil ich versprach, dem Konvolut auch einige meiner Korrespondenzen beizulegen, nicht zuletzt den kleinen Briefwechsel mit Nelson Mandela, versicherte man mir, die Notizbücher nach meinem Tod abschreiben zu lassen und der Forschung zugänglich zu machen. Ob sie sich tatsächlich daran halten würden, war mir, offen gesagt, ziemlich egal. Die Eitelkeit, an den Nachruhm zu denken, ging mir vollständig ab. Ich hing zu sehr am Leben, um mich mit solchen Lächerlichkeiten zu beschäftigen.

Am liebsten hörte ich Musik, sie war für mich die einzige Möglichkeit, die Konzentration des Geistes zu erreichen. Da ich keine unmittelbaren Nachbarn hatte, konnte ich die Boxen so laut aufdrehen, wie ich wollte, und im Sommer lag ich im Liegestuhl im Garten und verdrängte beim Zuhören jeden Gedanken an produktive Arbeit. Das innere Beben, das mich bei den Diabelli-Variationen erfasste, erhob mich über alle Ambitionen, noch ein weiteres Buch zu schreiben, um die zweiundsiebzig Zentimeter, die meine Bücher auf dem Brett beanspruchten, um zwei weitere zu ergänzen. Wenn überhaupt, wollte ich über Wolken schreiben, über den Himmel und die kristallreine Luft, über den schwelenden Brand des Müßiggangs und das selbstvergessene Starren, das mir alle Enttäuschungen weggeätzt hatte. Und ich wollte mich um den Garten kümmern, der in einem beklagenswerten Zustand war. Als ich vor einigen Jahren das Haus bezog, warf ich mit vollen Händen Blumensamen über die Rasenfläche und pflanzte meine Lieblingsbeeren am Zaun entlang, Himbeeren und Stachelbeeren, dazu noch Flieder und Hasel, aber ich kümmerte mich nicht mehr darum. Ich hatte keine Zeit. Ich schrieb und wollte mit dem Schreiben berühmt werden. Ich reiste, um mich vom Schreiben abzulenken. Jetzt wollte ich nichts mehr tun. Nur noch lesen, Musik hören und den zugewucherten Garten bestellen, den ich wohlgeordnet hinterlassen wollte. Aber seltsamerweise fehlte mir auch dazu der Ehrgeiz. Wahrscheinlich besaß ich nur noch den Ehrgeiz, bei mir selber anzukommen.

Warum um alles in der Welt hatte ich nicht verhindert, dass nun eine Lektorin bei mir eingezogen war, die mich an den Schreibtisch zurückscheuchen wollte?

3

Die kluge Dagmar hatte sich im Gartenhaus einquartiert, da könne sie kommen und gehen, wann es ihr passe, hatte ich gesagt. In dem kleinen Gebäude bewahrte ich meine alten Zeitschriften auf, „rot“ von Max Bense, den „Monat“, in dem ich zum ersten Mal die Gedichte von Wallace Stevens gelesen hatte, den „Merkur“, „Texte und Zeichen“, die „Neue Rundschau“, eine vollständige Sammlung des „Brenner“ und der „Fackel“, die von Franz Blei und Carl Sternheim herausgegebenen Bände des „Hyperion“ mit den Beiträgen von Kafka, die „manuskripte“ und die „Frankfurter Hefte“, „Sinn und Form“ und viele andere, u.a. sämtliche Hefte der „Nouvelle Revue Française“, auf die ich besonders stolz war, obwohl alles nur noch als Altpapier bewertet wurde. Dagmar hatte jedenfalls genug für ihr Leben zu lesen. Sie hatte aber gar nicht vor, in den alten Zeitschriften zu stöbern, sondern erbat sich von mir die Erlaubnis, in meinen Notizbüchern lesen zu dürfen, um sich, wie sie sich ausdrückte, etwas besser in mein Denken einfühlen zu können. Mein Denken! Du liebe Einfalt! Aber ich gestattete es ihr, sollte sie sich doch an meinem Geschreibsel den Magen verderben. Ihr Magen, nebenbei gesagt, war mehr als robust. Nicht nur aß diese stämmige Frau – die aus einer Bauernfamilie in Schleswig-Holstein stammte und sogar die hohe Kunst des Melkens beherrschte – die von ihr mitgebrachten fetten Würste, die meines Wissens ausschließlich in ihrer Heimat beliebt waren und dort tatsächlich als genießbar galten, sondern war auch bald in dem Gasthaus im Dorf nebenan eine beliebte Kundin, weil sie sich in kürzester Zeit das gesamte Maultaschen- und Spätzlerepertoire einverleibt hatte. Wenn ich aus dem Fenster meines Arbeitszimmers zu ihrem Fenster hinüberschaute, was ich tatsächlich zu Anfang mehr oder weniger unaufhörlich tat, sah ich sie oft in einem Leibchen Turnübungen machen, als wollte sie mir beweisen, dass sie nicht nur die Übungen einer Lektorin beherrsche.

Ich wurde nicht schlau aus ihr. Manchmal frönte sie ihrer Neigung zur Indiskretion und klatschte hemmungslos über die unappetitlichen Seiten meines Verlegers, ihres Arbeitgebers, dann wieder kriegte sie den Mund nicht auf, wenn ich einmal etwas aus dem Leben der ihr anvertrauten Schriftsteller wissen wollte. Hinter jedem offensiven Satz spürte man die Melancholie, hinter dem Schweigen einen Abgrund. Auf der Ebene der Konvention war sie ein Laie, was mir natürlich gefiel. Als ich sie einmal fragte, wie es um ihr Liebesleben stehe, sagte sie barsch, das gehe mich einen feuchten Kehricht an, aber einen Tag später erzählte sie mir mit einer abstoßenden Ausführlichkeit ihre Affäre, wie sie das nannte, mit einem Schauspieler vom Thalia Theater, dem sie, obwohl er sie nach Strich und Faden betrüge, nicht den Laufpass geben könne. Er steht dann, sagte sie, wie ein leeres Fass so lange in der Ecke, bis ich ihn ins Bett rolle.

Sie kam und ging tatsächlich, wie es ihr passte. Zunächst war sie eine Woche anwesend, um sich einzuleben, später kam sie an den Wochenenden und blieb noch den Montag, dann wieder erlaubte ihr ein sogenannter Brückentag, eine halbe Woche im Gartenhaus zu wohnen, im Sommer schließlich verbrachte sie, ohne dass sich der Schauspieler auch nur einmal blicken ließ, ihre Ferien bei mir, sodass ich den Eindruck gewann, dass sie immer bei mir lebe und nur gelegentlich zur Arbeit nach Hamburg fuhr. Natürlich vermied ich es, sie nach der Legitimität ihrer mobilen Arbeitsweise zu fragen, die in einem grellen Gegensatz zu der strengen Disziplin stand, die ich von meinem Verleger kannte, und wenn ich einmal eine Andeutung in diese Richtung machte, beschied sie mich, dass sie immer arbeite, weil sie die zu bearbeitenden Manuskripte stets bei sich führe. In den Sommerferien fuhren wir in ihrem roten Golf an den Bodensee zum Schwimmen oder machten Ausflüge in die Gegend, und wenn ich abends todmüde ins Bett fiel, sah ich immer noch das Licht in ihrem Fenster und hoffte inständig, dass sie arbeitete und noch lange arbeiten würde.

Ich selbst arbeitete nicht an dem erhofften Buch. Im Sommer hatte ich einen Aufsatz für einen Sammelband über den Wiener Dichter H. C. Artmann geschrieben, dem ich im vergangenen Jahrhundert in Berlin begegnet war, eine schwere Geburt von zwanzig Druckseiten. Je älter man wird, desto häufiger wird man gefragt, ob man zu solchen Sammelwerken beitragen möchte, lästige Auftragsarbeiten, die schlecht honoriert werden und keine Leser finden, oder wenn, dann einen emeritierten Germanisten aus Oklahoma, der bezweifelt, ob eine bestimmte Metapher, die H. C. Artmann verwendet habe, tatsächlich von ihm zum ersten Mal verwendet wurde und nicht doch schon bei Polgar Verwendung gefunden hatte, über den er einen Sonderdruck aus der Zeitschrift „German Literature Today" in der Hoffnung beilege, er könne einen wichtigen Sachverhalt klären. Da die monierte Metapher in dem Aufsatz gar nicht erwähnt wird, muss man zurückschreiben, man habe vergeblich nach ihr Ausschau gehalten, sei aber leider nicht fündig geworden, was zu weiteren Korrespondenzen führt, bis einer der beiden Briefpartner freiwillig oder unfreiwillig aus dem Leben scheidet. Da ich Gott sei Dank meine Briefe immer noch mit der Hand schreibe und der Post anvertraue, können bis zu drei Wochen bis zum Gegenbrief verstreichen, wodurch die Chance größer wird, dass man einmal den letzten Brief in der Hand hält.

Natürlich ging Dagmar, wenn sie mich mittags zum Essen unterbrach, davon aus, dass ich an dem verfluchten Buch arbeite, und ich ließ sie in dem Glauben, obwohl mir diese feige Haltung mehr als erbärmlich vorkam. Denn sie glaubte immer mehr daran. Sie schüttete mich geradezu mit Artikeln und Büchern zur allgemeinen Wirtschaftslage zu, traktierte mich mit bösen Steuerhinterziehern, die ihr Geld in die Schweiz oder auf englische Inseln verbracht hatten und entdeckt worden waren, und fütterte mich mit Nachrichten vom Leben und Sterben der großen Wirtschaftsbosse. Sie war der Ansicht, ein gewisser Zumwinkel solle in meinem Buch eine Rolle spielen, er sei geradezu prädestiniert dafür: vorne hui und hinten pfui, sagte sie, vorne Biedermann, hinten Biedermann, und dazwischen das Geld, das dieser Mensch, der bei der Post eine gewisse Rolle gespielt hatte, an der Steuer vorbei auf sein Konto leiten konnte. Aber was hatte ein geldgieriger Postler, der den Hals nicht vollkriegen konnte, in meinen philosophischen Überlegungen zu schaffen? Nichts. Diese furchtbaren Typen, denen das Wirtschaftswunder die Gelegenheit gegeben hatte, sich am Gemeinwohl zu bereichern, waren so tief unter der Würde meiner Wahrnehmung, dass ich unfähig war, sie in einer meiner Kategorien auch nur unterzubringen! Die Bundesrepublik war voll von solchen Kreaturen, jede Ankündigung, dass eine Schweizer Bank gezwungen war, ihre Konten zu öffnen, hatte doch zur Folge, dass all die Zahnärzte, Kunsthändler, Ersatzteillieferanten mit fliegenden Schößen das Finanzamt aufsuchten, um ihre vollkommen vergessenen Millionen zu deklarieren. Dann schon lieber ein Getriebener wie der Manager Thomas Middelhoff, der wahrscheinlich wirklich daran glaubte, dem Kapital ein Schnippchen zu seinen Gunsten schlagen zu können. Sein ironisches Dackelgesicht konnte ich mir wirklich sehr gut am Sterbebett des Patriarchen vorstellen, wie er dem alten Herrn in seinen gestärkten Laken erklärt, dass er gar nicht anders konnte, die Verhältnisse im fortgeschrittenen Kapitalismus hätten ihm gar keine andere Wahl gelassen, als ein paar besonders dicke Dinger zu drehen. Als eitle, komische Nummer hätte er einen kurzen Auftritt bei mir haben können, als windiger Galgenvogel neben ein paar anderen Galgenvögeln, die zusammen den Bettlerchor geben könnten. Wir wollten nur ein bisschen Kohle machen, und weil uns alle unterstützt haben, haben wir die Kohle halt eingesteckt, ohne lange nachzudenken. Aber warum sollte ich diesem Pack ein Buch widmen. Warum sollte mich dieses unpatriotische Pack davon abhalten, einen Aufsatz zu schreiben oder ein Gedicht über einen besonders schönen Sonnenuntergang?

Dennoch war ich unfähig, Dagmar reinen Wein einzuschenken. Als sie wegen der Buchmesse und der Vertretersitzungen mir ihre wunderbar kommentierten Ausrisse aus den Wirtschaftsteilen mit der Post zukommen lassen musste, merkte ich, wie sehr sie mir fehlte. Solange sie anwesend war, verspürte ich eine gewisse Lust, zu arbeiten, wenn auch nicht an dem erhofften Buch, tauchte sie längere Zeit nicht auf, überließ ich mich wieder der sprunghaften Lektüre, der Musik und der hemmungslosen Träumerei. Innerhalb von drei Wochen war ich mir ganz verloren gegangen, ein wunderlicher Solitär, der mit Schopenhauer tiefsinnige Gespräche führte oder sich Leopardis abgrundtiefem Pessimismus überließ, und der für die Gegenwart und die Probleme des modernen Kapitalismus und ganz besonders für die Frauen in diesem Geldspiel keine Geduld aufbringen konnte. Die tiefste Unvereinbarkeit meiner Gemütslage mit derjenigen, die ich schildern sollte, kam überdeutlich zutage, also musste ich Dagmar, um mein Gesicht zu wahren, die Wahrheit sagen. Sollte sie, wie sie schrieb – sie hasste Gott sei Dank das Telefon genauso abgrundtief wie ich –, Weihnachten „vorbeischauen“, würde ich offen vor sie hintreten müssen.

4

An Weihnachten horchte ich vergebens auf das Brummen ihres Golfs. Wahrscheinlich hatte sie ihren dicken Schauspieler ins Bett gelockt und nicht mehr freigelassen. Ich ertappte mich dabei, wie ich im Internet den Spielplan des Thalia Theaters durchschaute, um zu sehen, ob er auftreten musste. Musste er nicht. Nur am 23. Dezember sollte er am Nachmittag Dickens lesen, dann stand er erst wieder am 3. Januar auf der Bühne. Dagmar hätte also Zeit gehabt, mich aufzusuchen, sie hätte mir auf jeden Fall eine Nachricht zukommen lassen können mit der Lüge, der Vater in Heide/Holstein sei krank geworden oder die Oma gestorben, aber es kam nichts. Kein Wort. Natürlich versuchte ich mir einzureden, Glück gehabt zu haben, um eine ungeliebte Auftragsarbeit herumgekommen zu sein, aber es wollte mir nicht richtig gelingen. Ich fühlte einen Schrecken in mir aufsteigen, der mir die Lust am Nichtstun nahm. Ich musste feststellen, dass es keinen gab, um mich der Bürde der eigenen Verantwortung zu entledigen. Ich war wirklich allein. Um mich zu beruhigen, las ich die Geschichte „Wieviel Erde braucht der Mensch?" von Tolstoi, eine Erzählung, die ich, um mein eigenes Buch nicht schreiben zu müssen, mit einem langen Nachwort versehen könnte. Auf diesen dreißig Seiten war alles versammelt, was ich zur Theorie der Bedürfnisse zu sagen hatte, nur einfacher, klarer, überzeugender. Die Geschwätzigkeit der Theorie hatte mich schon immer misstrauisch gemacht, die ewige Wiederholung der hundert Zitate, die der Welt eine Fassung geben, auch wenn sie sie nicht erklären können. Was wiegen die dicken Wälzer, die ich in meiner Jugend gelesen habe, gegen ein gelungenes Gedicht? Warum schrieb ich nicht einen Canto über das Geld, wie es Ezra Pound über die Abschaffung des Geldes durch Silvio Gesell getan hatte, selbst wenn dadurch weder das Geld noch der Neid abgeschafft worden waren. Oder einen Gesang über die Kaurimuscheln? Oder ...

Ich schrieb Dagmar also einen Weihnachtsbrief, bekannte, wie sehr ich sie vermisste und wie sehr ich hoffte, sie noch einmal wiederzusehen, obwohl ich gleich anschließend ihr wünschte, dass sie endlich in den Armen ihres Schauspielers geborgen wäre usw. Der Brief war ein entsetzliches Herumgeschlingere und hatte nur eine Botschaft: Komm endlich wieder, du wirst hier gebraucht.

Manchmal ging ich nachts in das Gartenhaus und setzte mich an ihren Tisch, auf dem noch ihre Blocks und gelben Zettel und die Kugelschreiber aus Hotels lagen, in denen sie gewohnt hatte, und natürlich hing der Schrank voll von ihren Sommerkleidern und Badeklamotten, und unten standen die Sandalen und Korbtaschen, das ganze Zeug, das sie Woche für Woche aus Hamburg in mein Haus gebracht hatte, und auf den Regalen standen vor meinen Zeitschriften ihre unverständlichen Bücher zur Wirtschaftsgeschichte und zur Wirtschaftsstatistik, zum deutschen Unternehmertum und zur Wirtschaftskriminalität, und dazwischen die Bücher, die ich ihr empfohlen hatte, von Leopardi bis zu Nicolas Borns Gedichten und den Romanen von Hermann Lenz. Ich hatte ihr so viele Bücher ausgeliehen, um ihre eigenen Bücher zu verdrängen, all die zeitgenössischen Romane, die sie mir mitgebracht hatte, um meine Phantasie zu reizen, es noch besser zu machen, wie sich ausdrückte. Manche von ihnen hatte ich angelesen, meistens bis zu der Stelle, wo die erste Liebesverwicklung geschildert wurde, und sofort wieder zugeschlagen. Ich spürte einen Unwillen in mir aufsteigen, eine abgrundtiefe Traurigkeit, die stärker war als die Lust am Schwindel, die mich früher automatisch überkam, wenn ich die Romane meiner Kollegen las. Ich hatte sie oft nur unter einem technischen Aspekt gelesen, wie sie konstruiert waren, welche Tricks sie anwendeten, um sich zu unterscheiden, wobei mir der Inhalt meistens ziemlich gleichgültig war. Natürlich ist das nur bedingt wahr, denn in dem Moment, da ich eine solche Überlegung anstelle, stehen auch all die zeitgenössischen Romane vor mir auf, die ich mit der größten Zustimmung gelesen habe. Wahrscheinlich bin ich nur allergisch gegen Originalität, originelle Autoren sind mir ziemlich verdächtig, und wenn sie sich dann noch um Dunkelheit bemühen, ist bei mir, wie Dagmar es bei unseren Diskussionen nannte, „der Ofen aus“. Ich spürte, wie ich Vorwände suchte, nicht mehr schreiben zu müssen. Wahrscheinlich war ich zum Reaktionär geworden. Ein Schriftsteller, der nicht schreibt, schien mir nun endgültig das höchste Ziel des Schreibens zu sein.

Ich saß stumm an „ihrem“ Tisch und betete für sie, und das war das extremste Zeichen für Trostlosigkeit. Wenn es ihr schlecht ging, würde ihr mein Beten nicht helfen, wenn es ihr gut ging, würde sie es als Zumutung empfinden. Mir aber, das wurde mir jedes Mal klar, wenn ich meditierend an ihrem kleinen Tisch saß, war sofort besser, heller zumute. Also war doch alles in Ordnung!

Einmal schlug ich ohne Absicht ein Schulheft auf, das unter einem Papierstapel hervorlugte. Eigentlich will ich nur ihre Schrift anschauen, redete ich mir zur Beruhigung ein, aber ich wusste natürlich, dass ich etwas Verbotenes tat. Obwohl es mitten in der Nacht war, stand ich auf, um die Vorhänge zuzuziehen und die Tür abzuschließen. Ich las, in ihrer Handschrift, mich. Sie hatte offensichtlich aus den Kladden, die ich ihr ohne Arg zum Kennenlernen überlassen hatte, die Stellen herausgeschrieben, die ihr wichtig erschienen waren. Nicht alles, was ich von mir las, war abstoßend oder schlecht, aber durch die Weglassung alles offenbar Nebensächlichen oder dessen, was Dagmar für nebensächlich hielt, entstand der Eindruck, einen waschechten Aphoristiker zu lesen, einen, der nur vermeintlich große Gedanken produziert und sich um die Niedrigkeiten des Lebens, die ja den größten Teil dieser Hefte ausmachen, nicht kümmerte. Es kam mir plötzlich vor, als hätte mich Dagmar in zwei Teile zerschnitten oder besser in zwei Teile zerrissen, in einen ewig räsonierenden, etwas pedantischen Grübler, den es zu retten gilt, und in einen dem Leben zugewandten Bürger einer irgendwie funktionierenden Republik, den man getrost vergessen konnte. Jetzt saß also der Grübler am Tisch und las Stück für Stück hintereinander die Grübeleien eines einsamen Spaziergängers, bis mir die Trostlosigkeit die Kehle zuschnürte. Gewiss, ich hatte jede Zeile, die ich in Dagmars Handschrift las, einmal geschrieben, aber dennoch las ich kein Manuskript von mir, sondern von einem synthetischen, nicht besonders liebenswerten Autor, der sich die finstersten Gedanken über den Zustand der Welt machte. Ich las einen Autor, der mir ähnlich sein wollte, aber so sehr er sich auch anstrengte, er schaffte es nicht, ich zu sein. Was für eine tolldreiste Idee von meiner Lektorin, sich einen anderen Menschen schaffen zu wollen als den, der sie freundlich aufgenommen und beherbergt hatte, von anderem nicht zu reden. Ich hatte mir den Teufel ins Haus geholt.

Ich ließ das Heft aufgeschlagen auf dem Tisch liegen, als hätte ich nichts damit zu tun. Wenn es die Absicht meines Verlegers gewesen war, mir das Blut abzuzapfen, dann hatte er sich geschnitten. Wenn es allein Dagmars Idee war, mich für ihre Zwecke zu manipulieren, würde ich sie nicht mehr ins Haus lassen dürfen. Sie sollte bleiben, wo der Pfeffer wächst, und mit ihrem Schauspieler glücklich werden. Die Frage, die mich bis zum Morgengrauen quälte – und ich war verblüfft, welche Ressourcen an Qualbereitschaft in mir schlummerten –, war aber, wie viele Hefte sie schon mit meinen wüsten Gedanken gefüllt hatte. Den ganzen unbeschwerten Sommer über hatte sie sich meine Hefte mit ins Gartenhaus genommen, um, wie sie sich ausdrückte, meine dunkle Seite besser verstehen zu lernen. Manchmal hatte sie mich am nächsten Tag beim Frühstück an gewisse Eintragungen erinnert, die mir längst entfallen waren. Manchmal hatte sie mich wie ein Kind ermahnt, nicht so schwarze Gedanken zu hegen, das würde bei älteren Männern nur zu Bitterkeit führen. Manchmal, wenn auch selten, hatte sie mich gelobt, wenn ihr eine meiner Eintragungen als besonders gelungen erschienen war. Natürlich erinnerte ich mich daran, wie ich da nachts an ihrem kleinen Schreibtisch saß, dass sie mehrere Male gesagt hatte, wir sollten etwas mit diesen Notizbüchern tun, sie seien zu interessant, um sie vermodern zu lassen. Ja, sie hatte tatsächlich vermodern gesagt, an den Stich, den mir diese Bemerkung versetzt hatte, konnte ich mich gut erinnern. Sie halten mich wohl schon für so gut wie tot, hatte ich gefragt, und sie hatte mit ihrer holsteinischen Trockenheit blitzschnell geantwortet, man könne auch bei lebendigem Geist vermodern, ich solle mich nur einmal umschauen.

Die Weihnachtstage wären in Bitterkeit vergangen, wenn ich bei der Christmesse in der Kirche im Nachbarort nicht zufällig einen Menschen getroffen hätte, der mich, als ich ihm sagte, die Feiertage allein verbringen zu müssen, ohne Umstände zum Gansessen einlud. Wir standen nebeneinander und sangen mit Inbrunst die Weihnachtslieder, und er sang so erbärmlich falsch, dass ich manchmal zu seiner Verblüffung laut lachen musste. Er sang so falsch, dass er es nicht einmal merkte, wie ihm die Töne quer aus dem aufgerissenen Mund in alle Richtungen davonschossen. Zwischen den Liedern hatte ich ausreichend Zeit, mich in der Kirche umzusehen, und war erschrocken, als ich in den Zügen eines Engels, der lebenslustig an der Empore klebte und seine gute Nachricht verkündete, die Züge von Dagmar erkannte. Ihr schönes, breites, derbes Gesicht, die lebensfrohe Maske, mit der sie ihre teuflischen Absichten verbarg, strahlte mich an, dass ich den Blick abwenden musste und fortan nur noch den leidenden Herrn fixierte, der nun seit zweitausend Jahren am Kreuz hing, ohne sich zu rühren. Er, mit seinen gebrochenen Augen, wollte durch uns sprechen, weil er selbst nicht sprechen konnte, aber wir, die wir einmal im Jahr in die Kirche gingen, hatten nichts zu sagen. Was sollten wir in dieser Nacht der Welt mitteilen? Dass wir gegen

Hunger sind und an die Armen denken und den Krieg verabscheuen? Auch der Pfarrer hatte nichts zu sagen. Gott sei Dank gab es die Gebete, diese wunderbare Form des Innehaltens durch Wiederholung, die einen zur Aufmerksamkeit zwingt und trotzdem das Gefühl von Freiheit entstehen lässt. Ich sollte Gebete schreiben, ging mir durch den Kopf, auch wenn sie nie und nimmer die Billigung meiner Lektorin finden würden. Ein langes Gebet für die Welt. Und es gab natürlich die Lieder.

Mein Banknachbar war auch mein Nachbar im Dorf, ein sogenannter erfolgreicher Geschäftsmann, der überall auf der Welt Bleche produzierte, als sei die Welt nur durch Blech zu retten – seine Bemerkung. Seine Frau war kürzlich verstorben, mit der ich gelegentlich Gespräche über Blumen geführt hatte, Krebs, die Kinder verkauften die Bleche und waren über Weihnachten in Kalifornien und Brasilien geblieben, Länder, die zu seinen besten Kunden gehörten. Weil sich die Autoindustrie in Amerika erholt hatte, waren seine Absätze dort enorm gestiegen, er hatte ein neues Werk errichten müssen und, wie er sagte, eine Menge Arbeitsplätze geschaffen, nur der Europreis mache ihm Sorgen. Es ist merkwürdig, wenn einem jemand in der Kirche, im Angesicht des Heilands, seine Sorgen um den Euro zuflüstert. Wir müssen Acht geben, war seine Devise, die mich wie selbstverständlich miteinbezog in die Probleme der internationalen Finanzmärkte. Meinem Nachbarn war zu verdanken, dass der Christus in der Kirche restauriert werden konnte, er hatte das Schwimmbad gestiftet und eine Plastik auf dem Dorfplatz aufstellen lassen und war überhaupt für seine Freigebigkeit bekannt. Er schien sichtlich erleichtert, dass ich sofort zusagte, ihm beim Verspeisen der Gans behilflich zu sein, und machte die seltsame Bemerkung, ich müsse auch nicht sprechen, wenn mir nicht danach sei. Ich habe zu oft bei offiziellen Essen neben Menschen gesessen, sagte er bei der Verabschiedung vor seinem Haus, die nichts zu sagen hatten, und kenne die Peinlichkeit, etwas aus Höflichkeit sagen zu müssen. Seit dem Tod seiner Frau habe er das Schweigen gelernt.

Seine Haushälterin, die mit uns in der Kirche gewesen und drei Schritte hinter uns mit nach Hause gegangen war, hatte eine herrliche Gans gebraten, aus Polen, wir tranken die besten Rotweine, die er selbst produzierte, und unterhielten uns über Gott und die Welt, und während wir uns unterhielten, kam mir die Idee, dass, wenn ich mich doch noch einmal an die Neufassung meines Romans machen würde, er genau der richtige Patriarch wäre, der seine Kinder um sich versammelte, um von ihnen das Schicksal seines Vermögens und seiner Firma zu erfahren. Aber wer wäre ich denn, dachte ich, während er mir die Geschichte des Kampfs gegen seine Brüder erzählte, die ihn aus der Firma seines Vaters hatten hinausdrängen wollen, wer wäre ich denn, meinen Nachbarn, der mich so großzügig und umstandslos zum Gansessen eingeladen hatte, in eine fiktive Person zu verwandeln, um ihn literarisch verarbeiten zu können zu meinen Gunsten? Andererseits forderte er mich geradezu heraus, mich seiner Geschichte anzunehmen, indem er unablässig, wenn die Rede auf seine Brüder kam, ausrief, ich solle diese Geschichte einmal schreiben, er würde sie mir kostenfrei überlassen, es sei die Geschichte des ökonomischen Aufstiegs der Bundesrepublik, ich rede, Sie schreiben auf, nur die Namen müssen Sie ändern, sonst haben Sie von meinen Brüdern einen Prozess am Hals, den Sie nicht gewinnen werden. Das Blech sei der eigentliche Motor des Aufstiegs gewesen, ohne Blech keine prosperierenden Krankenkassen, keine Sozialversicherung, nichts. Nicht einmal der Kunststoff habe das Blech verdrängen können, das Blech ist der Sieger der Geschichte. Und wenn endlich Afrika – Ihr Afrika, sagte er, Ihr Afrika! – einmal zur Ruhe kommt, eine

Frage von Jahrzehnten natürlich, dann hat das Blech seinen Siegeszug um die Welt vollendet. Die Afrikaner sind ganz wild nach Blechautos, rief er mir mit vollen Backen über den langen Tisch, an dem wir uns gegenübersaßen, zu, und da die Afrikaner Öl und seltene Erden hätten, würden sie diese gegen Blechautos eintauschen. Wenn alle Afrikaner dermaleinst ein Auto besitzen, wie gesagt, eine Frage von wenigen Jahrzehnten, ist meine Mission beendet, das war das Fazit seiner langen, schönen Rede, an deren Ende er mich aufforderte, für den Frieden in Afrika zu sorgen. Wer, wenn nicht Sie? Statt in Ihrem Garten zu sitzen und so laut Mahler zu hören, dass die Vögel unser Dorf verlassen müssen, sollten Sie nach Afrika gehen und für den Frieden kämpfen, meiner Unterstützung können Sie sich sicher sein.

Da ich für mich nun ein für allemal den Plan des Romans aufgegeben hatte, dankte ich meinem Gastgeber dafür, dass er mir zwei Jahre Lebenszeit geschenkt hatte. Er war erstaunt, wie lange es brauche, ein Buch zu schreiben, zwei Jahre!, sagte er mit sorgenvoller Miene, in zwei Jahren hat die Welt ihr Gesicht dreimal verändert, geliftet, während Sie das Gesicht der Welt beschreiben, hat sie es bereits verloren, eine entsetzliche Vorstellung! Aber wie um meine ihm ganz unverständliche Lebenszeitverlängerung zu feiern, lud er mich in seine Sauna ein. Wir saßen stundenlang in seinen feuchtwarmen Gewölben, aßen danach die Reste der Gans, tranken eine weitere Flasche seines Rotweins und verabschiedeten uns als Freunde. Er habe nie in seinem langen Leben einen Schriftsteller kennengelernt, sagte er mir auf der Schwelle, immer nur schreckliche Kaufleute mit eindeutigen Absichten, und dass er dem ersten Schriftsteller dazu verholfen habe, nicht mehr schreiben zu müssen, erfülle ihn mit Stolz und Dankbarkeit.

5

Dagmar kam am 11. Februar. In der Nacht zuvor hatte es geschneit, sodass ich ihren roten Golf schon in der Ferne über den Hügel kommen sah, ein rotes Insekt, das sich durch die Schneemassen kämpfte. Sie sah aus wie ein Eskimo, trug einen dicken Fellmantel, wie ihn in unserer Gegend die Schäfer tragen, eine Fellmütze und sogar Fellstiefel, als wollte sie zu einer Expedition in die Antarktis aufbrechen. Aber unter dieser Verkleidung sah sie alles andere als abenteuerlustig aus. Sie war abgemagert, ihr Gesicht blass und eingefallen, ihr sonst so energischer Gang verschlurft. Ich hatte immer bewundert, wie sie mit den Hacken zuerst auftrat und dann den Fuß abrollen ließ, jetzt sah es so aus, als schiebe sie ihre Füße vor sich her. In der Sekunde, da sie das Gartenhäuschen betrat, hatte ich ihr vergeben. Wir waren quitt. Ich würde nicht schreiben, sie würde mir die nicht erlaubten Exzerpte zurückgeben, unser Leben könnte unbeschwert weitergehen.

Jetzt, dachte ich, als sie das Licht eingeschaltet hatte, entdeckt sie das von mir ostentativ auf dem Tisch offen liegen gelassene Heft, jetzt setzt sie sich hin, schamrot, jetzt legt sie den Kopf in die Hände und beginnt zu weinen.

Als sie auch am Nachmittag nicht auftauchte und ich in der einsetzenden Dämmerung kein Licht in ihrem Fenster sah, wurde ich unruhig. Alle Welt nahm von mir an, dass ich als Tröster eine gute Figur mache, weil ich mir selbst nicht zu helfen wusste. Kein Mensch kam auf die Idee, mich zu trösten. Dagmar zwang mich, zu ihr zu gehen, wo es sich doch eigentlich gehört hätte, dass sie zunächst einmal mich begrüßte. Vielleicht herrschten in der nördlichen Gegend, aus der sie stammte, andere Sitten?

Ich war wütend über mich, dass ich so denken konnte. Ihr ging es offenkundig schlecht, also musste ich auf sie zugehen. Aber was sollte ich sagen? Schön, dass du dich mal wieder blicken lässt? Wie geht's zu Hause? Ich konnte doch nicht gleich nach der Begrüßung mit Vorwürfen beginnen! Ich konnte doch nicht unmittelbar nach der Begrüßung sagen, dass ich mich von ihr hintergangen fühlte? Wahrscheinlich war jede launische Attitüde fehl am Platz, also nahm ich mir vor, schweigend einzutreten wie der ungebetene Gast, mich hinzusetzen und abzuwarten, bis sie das Gespräch eröffnete. Und wenn sie beharrlich schwieg?

Ich klopfte und trat ohne Aufforderung ein. Dagmar lag, das Heft mit den Exzerpten aus meinen Kladden aufgeschlagen auf der Brust, mit offenen Augen auf ihrem Bett. Mit aufgerissenen Augen, um genau zu sein. Die Tränen traten ihr gewissermaßen umstandslos aus den Augen und liefen an den Ohren vorbei ins Kopfkissen, das sie unter der Überdecke hervorgezogen hatte. Sie sah aus wie ein schöner, seltener Stein, in dem eine langsam versiegende Quelle verborgen ist. Vollkommen regungslos lag sie da, den Fellmantel über die Beine drapiert, die nicht besonders eleganten lappischen Stiefel noch an den großen Füßen, die Fellmütze lag auf dem Tisch, wo vorher das Heft gelegen hatte. Ihre schönen Hände, immer rissig und wie mit Kernseife geschrubbt, lagen, wie die Hände eines Kadetten, akkurat an ihre Oberschenkel gepresst.

Sie sagte nichts, ich sagte nichts. Was sollte ich sagen? Es gab nichts zu sagen. Ich hatte mir ein Bild von ihr gemacht, von dem ich mich trennen wollte, jetzt lag eine Person vor mir, die mit den Eigenschaften, die ich von Dagmar kannte, nichts zu tun hatte. Wie sollte ich mich von der Person, die vor mir lag, trennen, mit welcher Begründung? Ich ging zu ihr, rollte sie behutsam zur Seite und legte mich zu ihr aufs Bett. Wie ein altes, den Tod erwartendes Ehepaar lagen wir da, und als endlich ihr stilles Weinen, das wie ein Auslaufen war, versiegte, schlief sie ein.

In der Nacht verließ ich sie und ging zu mir hinüber. Es schneite wieder, die Spuren, die ich hinterlassen hatte, sahen riesenhaft aus im Mondlicht, als wäre ein Bär durch den Garten gegangen, der unbedingt Spuren hinterlassen wollte.

Am nächsten Morgen, einem dieser unbeschreiblichen Morgen, wie sie in unserer Gegend üblich sind, sah ich durchs Fenster, wie sie ihre Siebensachen einpackte und in ihrem Golf verstaute, der, wie ich jetzt bemerkte, schon bis obenhin vollgestopft war mit Koffern und Taschen, als wäre sie gekommen, um für immer zu bleiben.

Grußlos fuhr sie davon.

Als ich später ins Gartenhaus ging, um an sie zu denken, fand ich einen Zettel auf dem Tisch. Einen herausgerissenen Zettel, keinen Abschiedsbrief. Darauf stand: Ich wollte Ihnen helfen. Ich habe Ihre Hefte exzerpiert, um Ihnen zu beweisen, dass Sie auf dem falschen Dampfer sind. Aber Ihnen ist nicht zu helfen, weil Sie sich nicht helfen lassen wollen. Eine Schriftstellerkrankheit. Auch mir ist nicht zu helfen. Leben Sie wohl und denken Sie gelegentlich an mich. D.

Als ich später in völliger Auflösung meinen Verleger anrief und nach Dagmar fragte, sagte er mir gut gelaunt, sie habe gekündigt, um im Süden Deutschlands ein neues Leben anzufangen. Ich hatte angenommen, sagte er auflachend, sie sei zu dir gefahren, und habe mir schon Sorgen um dich gemacht. Aber offenbar bist du noch einmal davongekommen.

Ich notierte auf einem Zettel, was ich tagsüber noch erledigen wollte:

Putzfrau bitten, das Gartenhaus zu reinigen.

Nachbarn informieren.

Antiquar in Stuttgart anrufen, er könne die Bücher abholen.

Abendgesellschaft

Heute Abend würden Gäste kommen, es ließ sich nicht mehr vermeiden. Im Laufe der letzten Jahre hatte ich, gegen meinen Willen und gegen meine Überzeugung, vier- oder fünfmal Einladungen angenommen, die alle genau so verliefen und ausgingen, wie ich mir das vorgestellt hatte. Es gibt Menschen, die sich mühelos an einen fremden Tisch setzen und sich und andere blendend unterhalten, ich kann es nicht. Die Frau des Geschäftsführers Schubert habe ich einmal über einen von ihr nicht bemerkten Spiegel dabei beobachtet, wie sie mit verzogenem Gesicht ihrem Mann begreiflich zu machen versuchte, dass sie nicht länger neben einem Langweiler wie mir sitzen wolle. Sie war andere Kaliber gewohnt, Menschen, die ihr den Hof machten. Ich hatte ihr nichts zu sagen. Ich fand sie geradezu abstoßend in ihrer Schönheit. Auch ihr Mann, mit dem sie dann die Plätze wechselte, um endlich von mir wegzukommen, war nicht besser. Ein schwerreicher Industrieller, der nicht einmal sagen konnte, warum er all das viele Geld machte. Das ist mein Beruf, reich zu werden und immer reicher, so lautete seine kurze Antwort. Er kaufte seiner Frau zum Geburtstag sehr teure Kunstwerke berühmter Maler und freute sich bei der Übergabe schon darauf, dass er diese in fünf Jahren für den zehnfachen Preis wieder verkaufen könne. Und dann?, fragte ich. Wie – und dann?, fragte er zurück, dann habe ich, wenn alles gut geht, fünf bis sechs Millionen verdient. Es waren schöne Bilder, die an den Wänden der Schuberts hingen.

Wenn alles gut geht. Was soll denn noch gut ausgehen können? Die Schuberts kamen. Und der alte Professor Mecken, dessen Frau im Sommer gestorben war. Vierzig Jahre Unterdrückung sind jetzt vorüber, erzählte er mir freudestrahlend, als er nach der Beerdigung auf ein Glas zu mir in den Garten kam. Er wollte auf Reisen gehen, Länder sehen, in die seine Frau nie einen Fuß gesetzt hätte, und außerdem wollte er sich neu verlieben. *Emer. Professor, jung geblieben, eigenes Haus, finanz. unabhängig, sucht Reisebegleiterin nach Indien. Gerne auch jünger.* So lauteten die Anzeigen, die er in allen großen Zeitungen aufgegeben hatte. Er erhielt fast zweihundert Zuschriften, und da er einerseits ein fürchterlicher Pedant war, ihn andererseits der erotische Kitzel gepackt hatte, beantwortete er jeden einzelnen Brief. Mit zehn Anträgen kam er, völlig erschöpft von der Abwehr der erotischen Flut, die über ihn hereingebrochen war und die er tatsächlich auf sich bezog, eines Abends zu mir, legte die Briefe und Fotos vor mir aus und erwartete gute Ratschläge. Nicht zu glauben, wer mit welchen Argumenten nach Indien wollte: spirituelle Erleuchtung, Erfahren unbekannter Religionen, Selbst-Begegnungen in der Fremde. Keine schrieb, sie wolle an das Geld des alten Herrn, keine fragte, wie viel er auf dem Konto habe. Ich machte ihm den Vorschlag, er solle die zehn Totenvögel alle auf einmal einladen und schauen, welche von ihnen sich durchsetze am Ende. Aber er war zu feige für diese Aktion, er war zu sehr Wirtschaftsstatistiker und zu lange Ehemann gewesen, um eine derartige Abschlussfeier zuzulassen. Einzeln lud er sie ein, einzeln prüfte er sie auf Herz und Nieren, einzeln ließ er sie durchfallen. Und kam dann greinend zu mir, er hätte doch alle zweihundert einladen sollen, um einen besseren Überblick zu bekommen. Eine lächerliche Figur. Statt nach Indien fährt er jedes Jahr nach Bad Gastein zur Kur, um sich frischzuhalten. Jetzt schreibt er Artikel für Festschriften, in der Hoffnung, auf diese Weise ein bisschen länger in der akademischen Welt bleiben zu dürfen.

Um den Professor ein wenig aufzuheitern, hatte ich Charlotte Beer eingeladen, Witwe eines Kunsthistorikers, die nach dem dritten Glas die Frage nach dem Sinn des Lebens stellt, nach dem vierten zu weinen beginnt und nach dem fünften zu singen. Sie kann alle gängigen Schlager der Sechzigerjahre mit allen Strophen auswendig, sie sind wie auf einer Festplatte eingeritzt, und das fünfte Glas ist der Schalter, der die Stimme in Gang setzt. Alle schauen skeptisch, wenn sie sich das dritte Glas einschenkt, alle wollen sie nach dem vierten Glas trösten, wenn der Weltschmerz sie mit mächtigen Wogen hinwegtragen möchte, und peinlich berührt drehen alle ab, wenn sie das fünfte Glas an die Lippen setzt. Sie ist eine herzensgute, etwas zu ordinäre Frau für das spießige Milieu unserer Umgebung, aber geradezu ideal für den Professor, weil sie im Stadium der Trunkenheit eine starke Schulter braucht, die er nur zu gern zur Verfügung stellt. Mehrere Male habe ich dieses seltsame Paar schon erleben müssen: eine ältere betrunkene Frau auf dem Schoß eines noch älteren, einfältig lächelnden Wirtschaftsstatistikers, der so aussieht, als wolle er für diese Haltung gelobt werden.

Und schließlich das Ehepaar Kleinschmidt, das stets mit Tochter auftrat, in der Hoffnung, doch noch eine gute Partie für sie zu finden. Herr Kleinschmidt gehörte zu den Glückspilzen, die als Aufsichtsratsmitglied durch interne Kenntnisse von großen Firmenveränderungen an der Börse illegal zu vielen Millionen gekommen sind. Er wurde natürlich entlassen, durfte das Geld aber behalten, das ohnedies in den gierigen Händen seiner Frau gelandet war, die es wiederum von Herrn Schubert verwalten und vermehren ließ. Nur die Tochter war irgendwie nicht zu versilbern. Keiner bot für sie. Keiner wollte sie übernehmen. Also kostete sie schon seit fast vierzig Jahren Geld, ein schönes Sümmchen, wie Herr Kleinschmidt das nannte, nachdem er in Anwesenheit der Tochter kurz überschlagen hatte, was ihm eigentlich zustünde: Wenn Sie zweitausend Euro im Monat rechnen, macht das vierundzwanzig im Jahr, dazu Reisen, Auto, Extras, also rund fünfzig, und das mal vierzig, dann haben Sie eine Ahnung, wovon ich rede.

Die Tochter beschäftigte sich mit Tieren, die sie, gegen den Willen ihres Vaters, im Garten hielt. Nachts konnte ich sie heulen hören. Einmal bat sie mich, mit ihr ein verendetes Tier zu begraben. Ich saß neben ihr auf dem Beifahrersitz und hatte das in ein kostbares Tuch eingeschlagene Tier auf den Knien. Es war groß wie ein Kalb, und während sie einen bestimmten Waldweg suchte, befühlte ich den Körper des Tieres, um herauszufinden, was es einmal gewesen sein könnte. Als wir endlich die Stelle erreichten, wo das Tier seine letzte Ruhe finden sollte, hatte ich den Eindruck, dass sich unter dem Tuch etwas bewegte, als würde das Tier Klopfzeichen machen. Das muss Sie nicht beunruhigen, sagte die Tochter von Herrn Kleinschmidt, das ist seine Seele, die Ihnen etwas anvertraut, das Sie unbedingt für sich behalten sollen. Als wir endlich, schweißüberströmt, die Grube wieder geschlossen hatten, hielt die Tochter von Herrn Kleinschmidt, deren Vornamen ich mir nicht merken wollte, eine besinnliche Rede auf das Tier, und während sie redete, spürte ich, wie sich ihre Hand in meine schmiegte. Eine raue, rissige Kralle, die schon viele solcher Beisetzungen erlebt haben musste. Wir standen, Hand in Hand, schluchzend vor dem Grab, und alle Versuche meinerseits, sie vor Ablauf der Trauerfrist zum Aufbruch zu bewegen, scheiterten.

Es gab Rouladen, die keiner der Gäste mit Vergnügen essen wollte. Ich gebe gerne zu, kein besonders guter Koch zu sein, und man brauchte mich auch nicht, wie Frau Schubert es tat, darauf hinzuweisen, dass die Sauce vollkommen misslungen war. Alle Kleinschmidts schoben ihre Rouladen an den Rand ihrer Teller, und Frau Kleinschmidt ließ ihre sogar auf das Tischtuch fallen, ohne Anstrengungen zu machen, sie wieder zurückzuholen. Keiner wollte etwas mit der Roulade zu tun haben, sie lag ganz ruhig da in ihrem misslungenen Saft.

Den ganzen Abend lang wurde über Geld gesprochen, über solches, das man hatte, und solches, das noch im Besitz von anderen war. Einmal griff Herr Schubert, um etwas zu demonstrieren, über den Tisch hinweg seiner Frau an die Perlenkette, die sich, als hätte sie darauf gewartet, sofort aufzulösen begann. Kurze Zeit später lagen wir alle, bis auf die Tochter von Herrn Kleinschmidt, auf dem Küchenboden, um die Perlen wieder einzusammeln, die sich gut versteckt hatten. Allerlei kam zum Vorschein, das ohne diesen Vorfall wahrscheinlich erst nach meinem Ableben wieder gefunden worden wäre, aber nicht die letzten zwei der zweiundvierzig Perlen, aus denen die Kette einmal bestanden hatte. Frau Schubert bezichtigte Charlotte Beer des Diebstahls, und Frau Beer, die gerade ihr fünftes Glas an die Lippen gesetzt hatte und im Begriff stand, ein deutsches Lied zum Besten zu geben, wurde gezwungen, sich ihrer Kleider zu entledigen. Professor Mecken, der sich mit ihren Kleidern auszukennen schien, sollte ihr dabei helfen. Frau Beer saß dann mehr oder weniger entkleidet an meinem Küchentisch und musste lange überredet werden, doch noch ihren Schlager loszuwerden. Von den zwei fehlenden Perlen wurde nicht mehr gesprochen, aber man sah Frau Schubert an, wie der Verdacht ihr das Herz zernagte.

Der Abend zog sich quälend dahin, die Nacht brach an, der Morgen dämmerte und schickte ein Licht in meine

Küche, dem man ansah, dass es nicht von langer Dauer sein würde.

Als endlich alle Gäste gegangen waren, nahm ich die fast unberührten Rouladen und warf sie über den Zaun auf das Grundstück der Kleinschmidts. Das Geheul, mit dem sich die Tiere auf das Fleisch stürzten, werde ich mein Leben lang nicht vergessen.

In den Bergen

„Einmal dem Fehlläuten der Nachtglocke gefolgt – es ist niemals gutzumachen."
Franz Kafka

Ich war in der Frühe losgegangen, um den Sonnenaufgang zu erleben, weil ich ihn in meiner Pension im Tal immer erst nach neun Uhr zur Kenntnis nahm, noch in den Federn, wenn plötzlich das ganze Fenster zu brennen schien und selbst die dicke Gardine das Licht nicht abhalten konnte. Meine Wirtin hatte mir belegte Brote mitgegeben, damit ich, wie sie sagte, im Falle eines Schneesturms noch eine Woche überleben könne, obwohl natürlich in dieser Gegend und zu dieser Jahreszeit ein Davonkommen unwahrscheinlich sei. Gerade letzte Woche, erzählte die Wirtin, die gerne Unglücksbotschaften in die Welt schickte, habe es zwei Engländerinnen erwischt, spindeldürre Damen, die von einer Lawine wie Streichhölzer geknickt worden waren. Die Wirtin hatte die Habseligkeiten der Engländerinnen – lauter unnütze Dinge! – in einem Paket nach Großbritannien schicken müssen, ohne Hoffnung, das ausgelegte Porto je zurückzuerhalten. Immer wenn sie „Engländerinnen" sagte, wedelte sie mit beiden Armen in der Luft herum, als wollte sie den Geist dieser armen Kreaturen aus ihrer Küche vertreiben. Die Küche war sowieso voller Geister, und es roch immer nach Abwasch. Ich musste der Wirtin die Telefonnummer meines Bruders aufschreiben, damit sie im Ernstfall – wenn die Wölfe Sie zerfleischen sollten! – einen Ansprechpartner hatte. Einen Ansprechpartner? Ich hatte meinen Bruder, der nach Australien ausgewandert war, seit Jahrzehnten nicht mehr gesehen und stellte mir sein vom Trinken aufgedunsenes Gesicht bei der Nachricht vor, ich sei von Wölfen gerissen worden. Er hatte nach dem Selbstmord unserer Eltern die Lebensfassung verloren und war orientierungslos geworden, ein taumelnder Kompass, dessen Nadel auf keinen Magneten mehr reagieren wollte. In Australien erforschte der studierte Ethnologe angeblich die Lebensgewohnheiten der Ureinwohner, war dann aber bei deren größter Leidenschaft, dem Saufen, hängen geblieben. Er schrieb mir aus seinem Dorf unversöhnliche, traurige Briefe, die so klangen, als hätte er seine Haut verloren und wäre nun allem schutzlos ausgesetzt. Wind, Wetter, Meinungen und Worten. Alles erreichte ihn ohne Widerstand und zerstörte sein Innerstes, als wäre es die Beute der Termiten geworden, die dabei waren, seine elende Baracke abzutragen.

Auf jeden Fall war er, soweit ich das aus der Ferne beurteilen konnte, nicht mehr in der Lage, ein Flugzeug zu besteigen. Ich schrieb also meiner breithüftigen, ständig die Schlechtigkeit der Welt beklagenden Wirtin, die ja selbst wie eine Allegorie der Schlechtigkeit auftrat, mit zitternder Hand die ellenlange Telefonnummer meines armen Bruders auf eine Serviette, die Frau Fuchs – Witwe Fuchs, ihr Mann hatte sich alkoholisiert zu Tode gefahren – mit ihren fettigen Fingern an sich riss und in ihrem Schürzenkleid, das sie wie eine eigens für sie gefertigte Rüstung täglich trug, verstaute, und ich hatte plötzlich das Gefühl, mein Todesurteil aufgeschrieben zu haben.

Um acht war ich schon auf halber Höhe des Berges, und noch waren die Wege von einer der Schneeraupen geräumt, die man nachts wie brummende Leuchtkäfer kreuz und quer über die Pisten kriechen sah. Mit einem Schub, als hätte sie ein übermütiger Gott in die Luft geworfen, stand die Sonne plötzlich über dem gegenüberliegenden Berg und gab die Aussicht frei. Auch der innere

Dämmer aus Zweifel und Niedergeschlagenheit löste sich auf. War ich eben noch ein mühsam keuchender, schwitzender Punkt in dieser mit Schnee verkleideten Steinwüste, wurde ich nun als ein beweglicher Gegenstand sichtbar, der auch sofort das Interesse der Vögel auf sich zog. Es waren natürlich die klugen Krähen, die meine frühe Anwesenheit in ihrem Gebiet allen, die es wissen sollten, verkündeten.

Wahrscheinlich werden die Krähen die letzten Überlebenden auf unserem Planeten sein. Mit zerfleddertem Federkleid stakten sie über die Schneekruste, nickten zu allem und jedem, als würden sie im Geiste eine Liste abhaken, und stiegen dann schleppend auf, um den Weg des Eindringlings von oben zu verfolgen. Sie nähen der Landschaft ein Kleid mit schwarzem Faden, und wenn es einmal fertig ist, lassen sie es plötzlich fallen und ersticken alles, was sich nicht in Sicherheit bringen kann. Alles, auch mich.

An sich bin ich kein Mensch der Berge. Jahrelang hatte ich mich ihnen verweigert, ohne diese Haltung wirklich begründen zu können. Aber jetzt, in Begleitung der überwältigenden Stille, der auch die Krähen nichts anhaben konnten, gaben sich die Berge geradezu Mühe, mir die Angst aus dem Herzen zu nehmen. Während meiner Berufszeit war ich in den Ferien stets ans Meer gefahren, zunächst an die Ostsee, dann immer häufiger auf eine griechische Insel. Ein Schulfreund hatte mir ein heruntergekommenes Fischerhaus direkt am Meer überlassen, dessen Geruch mich das ganze Jahr über verfolgte. Ich brauche nur an das Haus zu denken, schon habe ich den beißenden Geruch von in der Hitze verwesendem Fisch in der Nase, eine faulig aggressive Mischung, die auf mich sogar in der Erinnerung eine eigentümlich beruhigende Wirkung ausübt. Schon sehe ich mich wieder vor der Hütte auf einem wackligen Korbstuhl sitzen, direkt vor dem Meer, das seinen glitzernden Körper vor mir streckt. Ich war der einzige Zuschauer in diesem Naturtheater, in dem nichts geschah, außer dass der Schatten der Götter gelegentlich das Wasser eindunkelte und sofort wieder freigab, wie es sich für eine göttliche Grille gehört. Wenn ich da so vor meinem Meer saß, umgeben vom Heiligtum des Schweigens, wurde ich häufig von einem so hellen Glücksgefühl überfallen, dass ich wie versteinert war, wie angeschraubt, unfähig, die Starre zu lösen. Dieses überwältigende Gefühl ließ mir keine Wahl, ich musste mich nach dem Zeitmaß dieses Bannes richten. Erst wenn die Sonne unterging, durfte ich mich wieder befreien, so die Abmachung, die ich mit dem Meer getroffen hatte. Das größte Geschenk allerdings, das mir das stumme Gegenübersitzen machte, war die schon nach wenigen Tagen spürbare Auflösung der Bedürfnisse, die selbst mich, der ich mir einbilde, mit dem Allernötigsten auszukommen, zu plagen pflegten. Ich brauchte fast nichts. Ich saß vor dem Meer, rauchte und schwieg. Selbst die nobelsten Gedanken zierten sich, ein so reines, einfaches Verhältnis zu stören. Manchmal dachte ich: Jetzt löst du dich auf, die nächste Welle wird leichtes Spiel mit dir haben.

Von einem, der am Meer lebt, wird nicht einmal ein Häufchen Asche übrig bleiben, diese Lektion hatte ich kurz nach der Ankunft an diesem magischen Ort gelernt. Welche geheime Schraube gedreht wurde, um aus unter ähnlichen Umständen geborenen Menschen ganz unterschiedliche Bedürfnismonster zu machen, die auf alles einen Anspruch zu haben meinen, ist nicht geklärt, jedenfalls konnte die Rede von der Unbestimmbarkeit des Menschen nicht ausreichen, diese schlimmen Folgen unserer sogenannten Zivilisation zu beschreiben. Man handelte jedenfalls klug, den Touristen, die die Dörfer und

Strände der Insel besetzten, aus dem Wege zu gehen. Am Abend briet ich mir über einem offenen Feuer die Fische, die mir Michalis am Morgen auf die Schwelle legte, kleine rote Körper, die von den Flammen ausgetrocknet wurden, oder gelegentlich einen Tintenfisch, den der Fischer lange gegen die Hauswand klatschte, als sollte dessen Tod die Toten im Hause aufwecken. Beim Licht einer unzuverlässigen Lampe las ich die großen Bücher, die mir an jenem Ort im wahrsten Sinne des Wortes einleuchteten, oder ich hörte meinem Freund Nicola zu, einem nach Amerika ausgewanderten Italiener, der im Ort ein Haus besaß, das er nur im Sommer bewohnte, und abends vorbeikam, um mir aus dem Gedächtnis die Göttliche Komödie im Florentiner Dialekt aufzusagen, gewissermaßen im Rhythmus der zur Nacht hin kleiner werdenden Wellen, die sich nur noch mit Mühe über die Kiesel an Land schleppten und knisternd wieder verschwanden. Ich hätte meinen Platz am Wasser nicht aufgegeben, wenn mir nicht eines wahrhaft schönen Tages das Meer eine Leiche vor die Füße gelegt hätte, den Körper einer Amerikanerin, die in der Nähe des Dorfes in einem Schafstall lebte und ihren Lebensunterhalt mit dem Verkauf von selbstgemachten Kettchen und aus Blech gestanzten Amuletten verdiente. In einer Welt des Hastens war sie geradezu ein Mahnmal des Beharrens. In ihrem Stall waren elektrische Geräte nicht erlaubt, ein Auto besaß sie nicht, nicht einmal eine Vespa. Sie kleidete sich auffällig in wehende Tücher, die, wenn der Meltemi die Insel heimsuchte, nach allen Seiten hin sich aufbauschten und flatterten, sodass sie, wenn sie den Weg zu mir herunterkam, wie eine farbenprächtige Windsbraut aussah. Mit einem einzigen Griff in dieses Geflatter fielen alle Hüllen von ihr ab und sie stelzte nackt wie eine Göttin in die vom Wind aufgepeitschten Wellen, um anschließend ein Glas Wein bei mir zu trinken. Ihre esoterischen

Reden gingen mir bald auf die Nerven. Sie beherrschte eine Rhetorik des Kitsches, die von Generation zu Generation der Aussteiger, die den größten Teil des Jahres in aufgelassenen Schafställen auf der Insel lebten, weitergegeben und immer schaler und dünner wurde und am Ende buchstäblich nur noch aus geschmacklosen Plattitüden bestand. Aber sie war hilfsbereit und freundlich, und es gab für mich keinen Anlass, ihr die kalte Schulter zu zeigen, wenn sie über meinen Grund zum Meer lief. Ich kannte nicht einmal ihren Namen.

Aber dann schoben die kleinen Wellen den Körper dieser Frau auf meine Hütte zu, eine aufgedunsene Meduse, deren Schleier auf den Wellen tanzten, und ich musste den glitschigen Leichnam an Land ziehen, ins Dorf laufen und die Polizei verständigen, einen Arzt holen und die immer größer werdende Menge an Schaulustigen zurückdrängen, die sich mit frecher Selbstverständlichkeit über meine mühsam angelegten Kräuterbeete hinweg meinem Haus näherten, dem Haus eines Mörders, wie ich alsbald zu hören bekam. Das Haus wurde abgerissen, weil angeblich ein Fluch darauf lag und keiner es mieten wollte. Die Amerikanerin, natürlich Tochter aus begütertem Haus, wurde nicht, wie es alle befürchtet hatten, nach Amerika überführt, sondern unter Anteilnahme des gesamten Dorfes auf dem Friedhof begraben, und weil ihr Tod und die Umstände, die zu ihm geführt hatten, auch in Amerika Gesprächsstoff geworden waren, hoffte man – wie ich von meinem Freund Michalis erfuhr, dem Fischer, der die quälenden Monate nach der Anspülung der Leiche stets zu mir gehalten hatte – auf gut betuchte Klientel aus den Staaten, die tatsächlich nicht lange auf sich warten ließ.

Von da an mied ich das Meer und fuhr bei jeder sich bietenden Gelegenheit in die Berge, über die nun weiß Gott andere Götter herrschen, auch wenn ihre Gesetze nicht weniger menschenunfreundlich sind. Ich war zu einem Bergler geworden.

*

Nach weiteren zwanzig Höhenmetern war es mit dem gebahnten Weg vorbei. Ich stand schwer pumpend vor einem weiß-rot gestrichenen Gatter, das mir das Weitergehen verbot: Lawinengefahr. Eine Rückkehr kam aber nicht in Frage. Ich hatte mir die Strapazen des Aufstiegs ja geradezu abverlangt, um mir zu beweisen, dass ich noch nicht zum alten Eisen gehörte, und außerdem hatte ich ein Ziel. Ich wollte eine Ansammlung von nur im Sommer bewohnten Häusern und Ställen auf der Südseite des Berges aufsuchen, wohin es mich vor fast zwanzig Jahren einmal verschlagen hatte. Vielleicht überbewertet man solche Erinnerungen, die ja aus fast nichts bestehen: einem Blick, einem bestimmten sommerlichen Geruch, der entsteht, wenn die Abendsonne auf Holz und Heu fällt, ein nicht näher zu begründendes Wohlgefühl, das jahrzehntelang den Körper nicht verlassen hat. Ich könnte zehn solcher Orte nennen, die ich mit den friedlichsten und reichsten Erinnerungen verbinde. Eigentlich bestehe ich aus diesen Erinnerungen, der Rest ist Gerümpel, das jeder mit sich führt.

Damals war allerdings Sommer gewesen, einer dieser unbeschreiblichen Sommer in den Bergen, mit einem unfassbar blauen Himmel und blühenden Wiesen und einer Luft, die einen denken ließ, das Leben gehe immer weiter. Ich hatte eine Weberei im Tal besucht, die auf uralten Maschinen Stoffe produzierte, die in unserem Katalog unter der Rubrik „Besuch bei ..." von mir vorgestellt werden sollte. Da mein Besuch bei den einsilbigen Webern kurz ausfiel, weil sie buchstäblich mit zusammengebissenen

Zähnen an ihren Webstühlen saßen und nichts zu sagen hatten, blieb ich ein langes Wochenende im einzigen Gasthaus dieses einsamen Dörfchens und machte Wanderungen, nachdem ich meinen schönen Bericht über die einsamen Männer und ihre einmaligen Stoffe skizziert hatte. Auf einer dieser Wanderungen sah ich in größerer, aber noch greifbarer Distanz die wie von Gottes Hand hingewürfelten Häuser knapp über der Baumgrenze am Berghang liegen und fasste augenblicklich den Entschluss, sie als Ziel meiner Unternehmung anzusehen. Mein Jerusalem, hatte ich zu mir gesprochen und war sicher gewesen, dass mir etwas Entscheidendes zustoßen würde.

Was zunächst wie eine Entfernung von etwa einer Stunde Gehzeit aussah, entpuppte sich als eine viel längere Strecke, weil der Weg unendlich viele Ausbuchtungen begleitete und sich ewig hinzog, während man die Häuser bei jeder Kehre zum Greifen nah vor Augen hatte. Obwohl mir die Wirtin des Gasthauses versichert hatte, dass ich der einzige Wanderer auf diesem Weg sein würde und Acht geben solle, nicht abzustürzen, weil die Bergwacht mich nur schwer bergen würde können, sah ich, wenn der Weg einmal länger geradeaus ging, eine Frau vor mir gehen, die, weil der Abstand sich ständig vergrößerte, offenbar leichtfüßig denselben Weg nahm. Wahrscheinlich eine Sennerin, hatte ich gedacht, die ihren Mann auf der Sommerwiese besucht. Vor der letzten Kehre, als ich sicher sein konnte, das Illusionstheater überstanden zu haben, sah ich die Frau vor einer der Hütten sitzen. Sie winkte mir zu. Und da in dieser erhabenen Einsamkeit kein anderer gemeint sein konnte als ich, winkte ich, zunächst zögernd und irgendwie ungelenk, dann aber mit ausgreifenden Gesten zurück, wie einer, der noch nie gewunken hat und plötzlich Vergnügen daran findet. Ich wiederholte diese Geste mehrere Male, als wollte ich mich vergewissern, dass die Fremde nicht plötzlich aufsteht und fortläuft und nur diesen einmaligen Gruß zurücklässt. Aber sie dachte gar nicht daran, sich aufzulösen. Beim Näherkommen sah ich, dass sie lederne Bundhosen trug. Ihre Füße steckten in klobigen Bergstiefeln, ein gut gefüllter Rucksack lehnte neben ihr an der Wand. Sie hatte ein rotes Tuch um den Hals gebunden, das so schmal war, dass es in der Entfernung wie ein Halsband aussah, das den Kopf vom Körper trennen sollte. Ihren mächtigen Schwall dunkelbraunen Haars hatte sie mit einer Klammer am Hinterkopf zu bändigen versucht, aber der erste Eindruck, eine Meduse vor mir zu haben, wollte sich, auch als ich vor ihr stand und mich vorzustellen bemühte, nicht verflüchtigen. Dieser Eindruck wurde noch verstärkt, als sie den Kopf hob und gegen die Holzwand des Schuppens presste. Sei es, dass ich vom Aufstieg außer Atem war, oder sei es, dass mich der Anblick dieser Frau irritierte, jedenfalls murmelte ich meinen Namen vor mich hin, als sei ich nicht ganz sicher, ob er überhaupt zu mir gehörte, was die Frau veranlasste, mich zu bitten, ihn zu buchstabieren. Kaum hatte ich diese Lektion recht und schlecht, also mit Stottern, bestanden, forderte sie mich mit den Worten, „Setzen Sie sich, das Leben ist zu kurz, um es stehend zu verbringen“, auf, Platz zu nehmen, was ich, nachdem der Rucksack von der schmalen Bank entfernt worden war, auch tat.

Der dritte Satz, den die ungewöhnliche Frau an mich richtete, war nicht weniger seltsam als der zweite, dem ich noch lange nachhing, weil ich nicht entscheiden wollte, ob es richtig sei, die Kürze des Lebens sitzend besser ertragen zu können als stehend oder gar gehend. Manchmal komme ich zu dem Schluss, ich sei zu viel gegangen und hätte zu wenig gesessen, dann wieder umgekehrt, es gibt offenbar kein Idealverhältnis. Der dritte Satz, gesprochen nach langer Pause, war eine Frage: Sind Sie meinem Mann begegnet? Ich war zu verblüfft, um die Wahrheit zu sagen, und murmelte ein flaues „Ich glaube nicht", um mir noch eine Wahl zu lassen. Denn tatsächlich war mir damals durch den Kopf geschossen, einfach mit Ja zu antworten, um den Wahrheitsgehalt ihrer Frage zu testen: Gab es überhaupt einen Mann oder war die Frage als eine Warnung in dem Sinne gemeint, dass der Mann, sollte ich die Frau anrühren, hinter der Felsecke hervorspringen würde? Natürlich hätte ich auch unumwunden sagen können: Ja, er steht vor Ihnen! Aber diese Dreistigkeit hatte ich in meinem Leben nie erreicht.

Die schöne Frau zog sich, bevor weitere Sätze fielen, zunächst ihre Bluse und dann, nach den schweren Schuhen, auch noch die ledernen Bundhosen aus, entnahm ihrem Rucksack die köstlichsten Speisen – harte Eier, Würste, Tomaten und Gurken –, holte, leicht bekleidet, wie sie war, in ihrer Feldflasche frisches Quellwasser und lud mich ein, mit ihr zusammen zu jausen. Jausen, ein Wort, das mir bis dahin noch nie über die Lippen gekommen war. Mit einem mir unbekannten Heißhunger fiel ich über die Speisen her, die auf ihrem roten Halstuch ausgebreitet waren, und nach wenigen Minuten tupfte ich mit dem angefeuchteten Mittelfinger noch die letzten Brotkrumen auf, um wirklich alles zu verschlingen, was sie mir angeboten hatte. Zum Abschluss dieses einzigartigen Festmahls holte sie einen Flachmann aus dem Rucksack, der mit Beerenschnaps gefüllt war. Da der Mann weder leibhaftig noch in ihrer Rede je wieder auftauchte, folgte ich ihrem Vorschlag, uns zu einem Nickerchen in den Schatten des Schuppens zu legen. Ich war bald in einen angenehmen Dämmer, später dann, eingebettet in ein Wohlsein, wie ich es nie zuvor in meinem Leben erfahren hatte, in einen tiefen Schlaf gefallen. Als ich erwachte, war die Sonne untergegangen und die Frau verschwunden.

Ich hatte versucht, mir jedes Wort, das sie zu mir gesagt hatte, in Erinnerung zu rufen, um vielleicht einen Hinweis auf ihr Leben zu erhalten, aber viel mehr als dass sie eine politisch engagierte Sozialarbeiterin in Genf war, wollte mir nicht einfallen. Wie ein Schatten war sie über mein Leben gehuscht, aber ein Schatten, der einen tiefen Abdruck hinterlassen hatte, der auch in den langen Jahren danach nicht vergehen wollte.

*

Nun war ich also wieder zu diesem Ort unterwegs, wenngleich die Bedingungen, ihn zu erreichen, sich grundlegend geändert hatten. Aber irgendetwas trieb mich an, mich durch den Schnee zu kämpfen, koste es, was es wolle.

„Wenn du das schaffst“, hatte mir vor ein paar Tagen eine innere Stimme pathetisch zugeflüstert, „bist du fürs Erste gerettet.“ Ich war im Moment für solche Einflüsterungen auch deshalb empfänglich, weil die Firma, für die ich als freier Mitarbeiter seit zwanzig Jahren die Kataloge schrieb, ohne weitere Erklärungen einen Nachfolger für mich gefunden hatte. Wie und wo hatten sie ihn gefunden? Und warum hatten sie überhaupt gesucht? Wir – oder besser: die Firma war das in Europa führende Handelshaus für Stoffe, und zweimal im Jahr habe ich umfangreiche Kataloge zu der in der ganzen Welt eingekauften Ware geschrieben, kleine Essays zur indischen Webkultur und mit Zitaten aus der Literatur glänzende Exkurse über englische Wollstoffe. Vierzig Kataloge, sechstausend Seiten, das war mein zu einem jähen Abschluss gelangtes Lebenswerk. Ich war nie auf die Idee gekommen, mich nach anderen Aufträgen umzusehen, weil es mir Vergnügen bereitete, dem Kaschmir eine weitere Nuance zuzuschreiben oder die seltenen Leinenstoffe geradezu zu besingen, sodass ich im Moment der Kündigung das Gefühl hatte, das Leben habe mich im entscheidenden Moment im Stich gelassen. Gleichzeitig muss ich zugeben, auch nichts anderes erwartet zu haben. Der neue Geschäftsführer, ein smarter Bursche, hatte nicht einmal den Anstand, mich persönlich von der Trennung zu unterrichten, sondern ließ mir aus der Personalabteilung mitteilen, man habe sich für einen „moderneren" Texter entschieden, um die Zukunft des Unternehmens zu „stabilisieren". Es konnte mich auch nicht trösten, dass ich von alten Kunden hörte, wie sehr man meine „gebildeten" Essays vermisse, und ich war nicht einmal schadenfroh über das sich bald zur Gewissheit verdichtende Gerücht, dass das Unternehmen schwere Umsatzeinbußen hinnehmen musste, weil die Stoffe zunehmend direkt über das Internet und nicht mehr von unserem Großhandel bezogen wurden.

Immerhin hatte ich jetzt mehr Zeit, mich in der Welt herumzutreiben.

Ich stieg mit großer Mühe über das weiß-rote Gatter und stapfte durch den hohen glitzernden Schnee auf den Wald zu. Schon bei den ersten Bäumen, kahlen Lärchen, wurde der Weg wieder sichtbar. Lange schaute ich die in der Sonne rötlich scheinenden Lärchennadeln an, die auf dem Schnee seltsame Muster gebildet hatten, als hätte sie einer für mich ausgelegt. Wie ich so dastand, halb in der bereits wärmenden Sonne, halb im eiskalten Schatten der Bäume, sah ich plötzlich, wie mich aus einem Schneehaufen zwei Rehköpfe anstarrten, mit aufgerissenen Augen. Als ich mit dem Schuh den Schnee zur Seite schob, kamen die Skelette zum Vorschein, und weiter hangaufwärts lagen noch blutige Eingeweide, hart gefroren. Ich legte den toten Tieren ein wenig Schnee auf die Augen und bückte mich dabei, weil ich es unziemlich fand, sie von oben herab zu bewerfen. Der Anblick war nicht geeignet, meine Vorfreude auf das Maiensäss zu steigern. Eben noch schienen mir die Strapazen verlockend zu sein, wie eine Reinigung, jetzt folgten mir die toten Augen bei jedem Schritt. Warum also nicht umkehren und die Polizei informieren?

Ich ging dann doch rasch weiter, wenn auch nicht mehr unbeschwert. Im Wald, der mir nach dem Blick in die toten Rehaugen wie eine kalte Aussegnungshalle vorkam, hörte ich in der Stille nur mein Herz schlagen. Der Weg war jetzt zwar erkennbar, aber alle paar Meter musste ich über verkrustete Schneeberge oder vereiste Bäche klettern und hatte ständig Angst, nach links hin abzurutschen und ins Bodenlose zu fallen. Aus der Felswand rechts ragten die grauen Eisbärte des ausgetretenen Wassers, an denen ich mich zitternd festhielt, bis sie brachen.

Einmal habe ich tatsächlich das Gleichgewicht verloren. Ein mächtiger Wasserfall stürzte hinter einer Eiswand in ein notdürftig hergerichtetes Becken, aus dem das Wasser über den Weg hinweg in die Tiefe krachte. Die Umgebung des Beckens und die schmale, aus drei Brettern bestehende Brücke waren vereist, und schon beim ersten Schritt geriet ich ins Rutschen und schlitterte auf den Abbruch zu, der jetzt im Winter, ohne die schützende Verkleidung der üppigen Vegetation, in aller Offenheit zeigte, was mich erwartete – es ging Hunderte von Metern über Stock und Stein in die Tiefe. Ich saß plötzlich, den einzigen, senkrechten Pfeiler des Geländers der Brücke zwischen den Beinen, über dem schäumenden Wasser, dessen Quelle irgendwo über mir war und von dem ich nicht wusste, welchen Fluss es mit seiner Gewalt aus der Fassung zu bringen versuchte. Trotz der Nässe und des Schreckens, der mir beim Abrutschen durch die Glieder gefahren war, und trotz des Schmerzes, der mir – verstärkt von der Kälte – den Rücken heraufzog, blickte ich mit größter Ruhe auf die wie glasiert aussehenden Steinbrocken, die das nervöse Wasser zwangen, den unvermeidlichen Sturz in die Tiefe noch einmal hinauszuzögern. Alle folgenden Überlegungen begannen mit: Sollte ich das hier überleben ..., und damit stand fest, dass ich überleben wollte, wenngleich ich mir in dieser ewigen Minute im Eis auch mehrfach vorstellen konnte, mit dem Wasser zu gehen. Mein Leben war gelebt, und es gab in meinem Alter keinen Grund, noch auf ein paar „goldene Tage" am Lebensabend zu hoffen. Die ganze Umschreibung des Alters, in dem die Ernte eingebracht wird, ist erbärmlich, während der Schrecken des Todes keine metaphorische Abmilderung braucht. Man war weg. Und wäre mir der Stützbalken nicht zufällig zwischen die Beine gerutscht, wäre ich auf den mit einer hauchdünnen Eisschicht überzogenen Felsbrocken verreckt, weil keiner meine letzten Hilferufe gehört hätte.

Aber ich hätte diesen Bericht nicht schreiben können, wenn ich nicht doch wieder auf die Beine gekommen wäre. Tatsächlich aber hatte sich die Welt, die Farbe der Welt, verändert. Die Dinge, die im Schnee sichtbar werden, haben normalerweise eine besondere Prägnanz; jetzt hatten sie an Farbe verloren.

Rund vier Stunden bin ich auf diese komplizierte, den Körper und alle Sinne anstrengende Weise unterwegs gewesen, als ich, der Mittag war längst vorüber, in der Ferne endlich die leer stehenden Holzhäuser meines Jerusalems erblickte. Und nach weiteren zwei Stunden hatte ich sie, mit schmerzenden Gelenken und vollständig durchnässt, tatsächlich erreicht. Es waren acht Häuser, über den Hang verteilt, „mein" Haus erkannte ich sofort, dazu zwei mächtige Schuppen, die bei Sommergewittern auch als Unterkunft für die Schafe dienen mochten, und eine Kapelle, die so klein war, dass nur jeweils ein Büßer eintreten konnte.

Eine heilige Ruhe überkam mich, ich hatte es geschafft.

Beim Näherkommen sah ich einen dick vermummten Mann auf der Erde hocken. Wie ein Zelt sah er aus. Er hatte mich offenbar längst bemerkt, sonst hätte er doch ein Zeichen des Erschreckens über den unerwarteten Gast zeigen müssen. Aber er schien sich seiner Überlegenheit so sicher zu sein, dass er nicht einmal aufblickte. Wölfe wahrscheinlich, brummelte er, als ich neben ihm stand. Er hatte einen blauen Kunststoffkamm, wie man ihn auf Jahrmärkten als Trostpreis erhält, zur Erkennung der Größenordnung über einige gut sichtbare Spuren gelegt und fotografierte konzentriert seine Funde. Dachs scheidet aus, Wild ebenso, Hunde gibt es hier nicht, also höchstwahrscheinlich Wölfe. Sind Sie auch Jäger? Haben Sie ein Gewehr dabei?, fragte er mich von unten herauf, ohne auch nur einen Blick auf mich zu verschwenden.

Ich versuchte, mich an ihm vorbeizudrücken, was aber wegen der hohen Schneewehen einerseits, den bellenden Reden des Mannes andererseits nicht möglich war. Jedes Wort bildete den Stein einer soliden Mauer, die man nur mit einem gewaltigen Sprung hätte überwinden können. Aber wer kann im Schnee große Sprünge machen?

Ich schwieg. Schon immer hatte ich geschwiegen, wenn nichts zu sagen war, statt mich herauszureden, wie es in der Schule gelernt wird, und was man gelernt hat, benutzt man im Leben, also reden sich alle bei jeder Gelegenheit heraus, so ist dieses unerträgliche Herausreden entstanden, das wir Konversation nennen. In seiner abgeschmackteren Form sind es die Gespräche im Fernsehen, ein ständiges Herausreden, um die Zeit zu füllen, weil irgendwann einmal ein Gesetz erlassen wurde, dass man zu reden hatte. Der Gesetzgeber war die Gesellschaft insgesamt. Manchmal stellte ich mir eine schweigende Gesellschaft vor, eine in klösterlicher Stille lebende Gemeinschaft, die sich nur durch Zeichen verständigt. Drei Wochen im Jahr, in den Ferien, darf geredet werden, dann sieht und hört man, wie sich alle ausquetschen bis zur Erschöpfung, Tag und Nacht wird geredet, gestritten, geschimpft, aber dann ist wieder Ruhe.

Ich schwieg also, was meine Lage allerdings nicht verbesserte. Weil ich nicht unablässig auf die angeblich von einem Wolf herrührenden Spuren starren konnte, blickte ich mich in dieser erhabenen Landschaft um. Von Süden waren nun Wolken aufgezogen, die Sonne war schon verschwunden, ließ aber im Westen noch ein paar wenige Bergspitzen aufglühen, wie zur letzten Orientierung. Es würde bald sehr dunkel werden, und es war entsetzlich kalt.

Aus keinem der Häuser kam Rauch, sodass ich nicht wusste, in welcher von diesen windschiefen Konstruktionen der vermummte Mann zu meinen Füßen lebte oder ob er überhaupt in diesem gottverlassenen Ort lebte, der natürlich alles andere als von Gott verlassen sein konnte.

Es muss der Wolf sein, alles andere ist Unsinn, knurrte der Mann nun noch einmal von unten herauf, steckte den blauen Kinderkamm und die winzige Kamera in eine der vielen Taschen seines Anoraks und machte Anstalten, sich zu erheben. Weil ihm offenbar vom langen Hocken die Beine nicht recht gehorchen wollten, streckte er mir seine Hände entgegen, die ich nach kurzem Zögern auch ergriff. Ich hätte sie natürlich nicht ergreifen müssen, ich hätte den Mann sogar ohne jede Vorwarnung treten können, zum Abhang treten können und ihn hinunterrollen lassen, dann wäre das, was von ihm übrig geblieben wäre, ein Mahl für die Füchse geworden. Aber ich packte seine Hände und zog daran, sodass der Mann vor mir an Statur und Fülle gewann und immer größer wurde, und als ich mit einem letzten Ruck ihn wieder aufrecht ins Leben gestellt hatte, machte er einen so ungeschickten Schritt nach vorn und fiel mir in die Arme, was zur Folge hatte, dass wir uns beide im Schnee wiederfanden. Kein Wort der Entschuldigung. Kein peinliches Räuspern. Er lag mit seiner ganzen Lebenslast auf mir und atmete mir schwer und warm ins Gesicht. Seine Augen waren so dicht vor meinen, dass ich glaubte, mich in ihnen gespiegelt zu sehen. Ich sah die tiefen, dunkel ausgelegten Furchen um seine Augen, die mich an meinen Großvater väterlicherseits erinnerten, der sich aus Kummer zu Tode getrunken hatte. Wann, wie und warum sich der Kummer in seinen Körper geschlichen hatte, wollte er uns nicht verraten, um uns, wie er immer sagte, nicht zu belasten, man sah aber an seinen immer schwärzeren Augenrändern, wie toll der Kummer es in ihm trieb und wie er den Großvater aussaugte, bis dieser ganz leer war. Es brauchte dann nur noch einen Schnaps, dann war er schon benebelt, einen zweiten, dann war er schon hinüber, und beim dritten war er tot.

Haben Sie ein Gewehr dabei?, fragte mich noch einmal der Jäger, ohne Gewehr kommen Sie lebend nicht mehr aus dem Berg.

*

Er selbst besaß drei Gewehre, die er in seiner Hütte, der kleinsten der Ansammlung, an der Wand neben dem Herd hängen hatte. Nehmen Sie sie nur in die Hand, sagte er, sie sind alle geladen. Er hatte mich, ohne dass wir uns vorgestellt hätten, aufgefordert, ihm in seine Hütte zu folgen, weil er der Ansicht war, ich würde draußen erfrieren. An Widerspruch war nicht zu denken. Die Wölfe warten nur auf einen wie Sie! Ein eiskalter Wind war aufgekommen und hatte weitere dunkle Wolken mitgebracht, nun war das ganze erhabene Panorama wie durch einen Spuk verschwunden. Dennoch hatte ich mit dem

Gedanken gespielt, augenblicklich den Weg zurück zu nehmen, weil mir die Aussicht, den ganzen Nachmittag und die Nacht mit diesem eigenartigen Mann in seiner Hütte, die angeblich von Wölfen umzingelt war, verbringen zu müssen, Angst machte. Aber als ich mich von ihm weggedreht hatte, um mich mit einem Adieu zu verabschieden, war er um mich herum gesprungen, hatte mich gewaltsam in Richtung seiner Hütte gedreht, mich von hinten umklammert und auf die Tür zugeschoben. Sie bleiben schön hier, hatte er mir ins Ohr geflüstert, wir wollen doch noch nicht sterben. Als läge ihm etwas an meinem Leben!

Wir haben einen Schnaps getrunken, dann machte er Feuer, und als es einigermaßen warm in der Stube war und wir nicht mehr weißen Atem ausstießen, verriegelte er alle Fenster und die beiden Türen und begann, ein Abendessen vorzubereiten. Eine Henkersmahlzeit!, rief er mir zu. Ich sollte mich auch meiner nassen Kleider entledigen und eine Hose und ein Hemd von ihm anziehen, die ich im Kasten finden würde. Als ich vor Scham zitternd in einer Ecke der Küche die Kleider wechselte, sah ich, auf einem Bein stehend und mit der viel zu langen Hose meines Gastgebers kämpfend, wie eine einäugige Katze durch einen eigenen Eingang in die Wärme drängte und mich so nachdenklich prüfend anschaute, dass ich jede innere Balance aufgab.

Ich hatte das Gefühl, dass er nicht wusste, was er mit mir anfangen sollte. Ich bin kein Abenteurertyp, der sich mit großartigen Geschichten wichtigmachen will, es ist auch nicht meine Art, in abfälliger Weise über Frauen zu reden, wie das in seinen Kreisen üblich war, und mein Interesse an toten Tieren oder der Art, wie man Tiere totschießt, hält sich in Grenzen. Da es nun aber feststand, dass ich nicht fliehen würde, mussten wir uns ja einigen, wie wir die Nacht miteinander verbringen wollten. Als er hörte, was ich mein Leben lang getan hatte und hoffentlich bei einem anderen Arbeitgeber weiter tun würde, wenn man mich ließe, brach ein hässliches Lachen aus ihm heraus, das in ein langes Husten überging und mit einem Rotzbrocken endete, den er umstandslos in die offene Herdplatte spuckte. Das ist nicht wahr, rief er in einem fort, du hast dein ganzes Leben lang Stoffe beschrieben, was für ein erbärmliches Leben hast du geführt!

Hatte ich das? Oder wollte er mich nur lächerlich, klein machen, um mich fortan leichter demütigen zu können? Meine vielleicht nicht besonders weit verbreitete, aber doch auch nicht ganz und gar lächerliche Beschreibung einer bestimmten Art von Dingen hatte schon oft Verwunderung hervorgerufen, aber noch nie eine so herablassende Bewertung erfahren. Heute, sagte ich in sein keuchendes Lachen hinein, heute holt man diese Beschreibungen aus dem Internet, schüttelt sie ein wenig und veröffentlicht sie ohne Quellenangabe, in jeder Beschreibung von Kaschmir-Stoffen finde ich meine Worte wieder, sogar in Übersetzungen, ich habe dem Kaschmir-Stoff gewissermaßen die Sprache gegeben.

Du bist ein armes Schwein, sagte mein Gastgeber, aber von jetzt an kommt mir Kaschmir nicht mehr über die Schwelle, das verspreche ich dir. Bei diesen Worten kniff er eines seiner dunklen Augen zu und fing an brüllend zu lachen, als hätte er einen großartigen Witz erzählt. Darauf kannst du dich verlassen, schrie er, wie von Sinnen, Kaschmir hat bei mir nichts mehr verloren!

In der Stube herrschte oder besser stand ein strenger, dumpfer Geruch, der sich aller Gegenstände bemächtigt hatte. Hob man ein Glas an die Lippen oder auch nur eine Gabel, staute sich das üble Konzentrat aus Rauch, Schweiß und Blut vor der Nase, dass man schon bald auf jede Bewegung verzichten wollte. Ich saß fast bewegungslos da und schwieg.

Hatte ich etwa Angst vor dem Sterben?

Wir haben Buchweizenspaghetti gegessen und einen Berner Wein getrunken, und der Mann, der Thomas hieß und Tom genannt werden wollte, erzählte mir seine Lebensgeschichte, aber so umständlich, dass ich am Ende dieser familiären Katastrophe nicht mehr wusste, wer wo und warum frühzeitig sein Leben lassen musste. Insgesamt war es eine einzige Totengeschichte. Elf Geschwister waren sie gewesen, jetzt alle tot bis auf ihn und eine Schwester, der er aber einen baldigen Tod wünschte, weil sie, eine Pensionswirtin, steinreich und kinderlos war und man das Geld statt der Kirche den Kindern der anderen Geschwister auszahlen könne, soweit sie noch am Leben waren. Es war ein Zuhören, das mein Gesicht und den ganzen Körper verkrampfte.

Während Tom in seinen Todesphantasien herumtorkelte, in einem lichtlosen Gehäuse, dessen Wände aus Hass, Zynismus, Verzweiflung und Großspurigkeit bestanden, rissige, unverputzte Wände, von denen man besser Abstand hält, überlegte ich, wie einer so völlig aus dem Licht geraten kann, aus dem Licht der Freude, der Gnade, des Verzichts, aus dem Licht der Beschränkung, des Horchens und der Redlichkeit. Jeder Mensch, unabhängig von seiner Intelligenz, seiner Herkunft und seiner Erziehung, träumt doch davon, eines Tages dieses Licht auf der Haut zu spüren oder in der Seele. Im ersten Fall gräbt es sich von außen nach innen, im zweiten von innen nach außen. In meinem Fall traf es mich zunächst immer außen, auf der Haut, und wanderte in unterschiedlicher Geschwindigkeit nach innen, bis es die Seele erreicht hatte. Wie oft war mir das geschehen? Zehnmal, höchstens.

Tom ließ derartige Zustände nicht zu. Er hatte – und das sagte er mehrere Male an diesem Abend – keine Lust, das Dunkel in sich aufzulösen. Er liebte das Geheime, Brutale, Anstößige und fand alles andere wenig erstrebenswert. Er machte auch keinerlei Anstalten, sich als etwas Besonderes darzustellen, also nicht einmal als ein besonders verworfener Außenseiter, der sich dafür rächen will, dass ihm alles im Leben misslungen ist, von der Kindheit an. Es genügte ihm, das wenig interessante Bild eines mittelmäßigen Grobians abzugeben, und dazu gehörte, dass ihm gar nicht daran lag, mich zur Kenntnis zu nehmen oder zu verstehen. Er sprach, er befahl, er bestimmte, und ich hörte still und verzweifelt zu.

Die Rehe, vorne an der Biegung ..., hatte ich einmal in seine labyrinthischen Gedanken hinein gerufen, als er Holz nachlegte und wegen der gebückten Haltung nicht selber sprechen konnte, ja, die Rehe, hatte er geantwortet, das Gerippe und den Kopf lässt ein Jäger liegen für den Fuchs. Und um den Fall seiner Schwester abzuschließen, fügte er böse auflachend hinzu, hätte er nichts dagegen, wenn sie vors Auto laufen würde.

Er saß ganz dicht neben mir auf der Bank, aber weil ich am Ende der Bank saß, konnte ich nicht abrücken von ihm und seinen Verwünschungen. Also stand ich auf und ging um den Tisch herum und setzte mich auf der anderen Seite der Bank wieder hin, nun allerdings stets in Gefahr, von dem glühenden Ofen verbrannt zu werden. Ich hätte mich auf die Bank legen sollen, dann wäre Tom gezwungen gewesen, den einzigen Stuhl, den es im Raum gab, an den Tisch zu ziehen. Er hatte sich einen entsetzlich stinkenden Stumpen angezündet und blies der Katze, die mit geschlossenem Auge vor ihm auf dem Tisch lag, gelegentlich unvermittelt den Rauch in die Ohren, was diese mit einem heftigen Schütteln des Kopfes beantwortete, ohne sich sonst zu rühren.

Tom hatte nach dem Essen aus der Kiste ein Album geholt, mit Fotos, die ihn mit Trophäen zeigten: In Kanada hatte er zwei Bären und einen Elch geschossen. Von allen drei Tieren gab es mehrere Fotografien, auf denen Tom, die Arme in die Seiten gestemmt und das Gewehr auf dem Rücken, den linken Fuß auf die toten Körper gesetzt hatte. Der Bär, rief er, jetzt ganz rot im Gesicht von den vielen Schnäpsen, die er bereits intus hatte, war so dicht vor mir, dass ich nur abdrücken musste. Und dabei bohrte er mir seinen Finger sehr heftig in die Rippen und machte *Peng-peng*, so schnell, als wolle er mit der Sprache seinen Doppellader nachmachen. Da hat der Meister Petz aber Augen gemacht, und sein Freund Pete habe auch Augen gemacht, der sei aber kurz danach versehentlich von einem kanadischen Jäger abgeknallt worden und habe die Augen für immer zugetan.

Weil ich irgendwann die Schauergeschichten nicht mehr hören konnte, die er alle in seinem Album „dokumentiert" hatte und offenbar auch erzählen wollte, bat ich ihn, bis zum Morgengrauen ausruhen zu dürfen. Im Morgengrauen gehst du auf gar keinen Fall, sagte er sachlich, da kommst du nicht über die inzwischen vereisten Schneeabgänge hinweg oder du rutschst aus und landest im Tal in der Nähe von Thusis. Wo es allerdings einen schönen Friedhof gibt, da liegen einige von uns. Er konnte es nicht lassen, jeder noch so kurzen Feststellung eine seiner Bösartigkeiten anzuhängen.

Er ließ es nicht zu, dass ich mich, mit meinem Rucksack als Kopfkissen, auf der Bank ausstreckte, sondern riss mich unsanft hoch und schubste mich in eine Nebenkammer, in der zwei Holzliegen übereinanderstanden. Du schläfst unten, sagte er, im Bett meiner Frau, die vor mehr als sechs Jahren ..., aber ich unterbrach ihn mit so lauter Stimme, dass er tatsächlich für einen verblüfften Moment innehielt. Aus einer Ecke zog er ein paar Felle – alles selber geschossen! – und warf sie mir zu, dann ging er zurück in den Küchenraum, wo ich ihn den letzten Rest Schnaps aus der Flasche trinken sah.

Ich erinnerte mich an eine Notiz in den Fragmenten von Kafka, die ich inzwischen nachgelesen habe: „Der Kurier des Czaren übernachtete in einem kleinen Steppendorf, er lag bereits im einzigen Raum der Hütte, um ihn herum schlief die Familie des Bauern, in einer Ecke waren einige Ziegen zusammengedrängt, sie waren unruhiger als die Menschen ... der Kurier schlief kaum, während seiner Reisen schlief er gewöhnlich gar nicht, nur wenn die Lage völlig sicher schien, schloss er die Augen, schlief sofort ein, behielt sich aber so in der Gewalt, dass ihn Geräusche nicht erst wecken mussten, sondern dass er sie im Schlaf mit dem Gehör geradezu aufspürte und jedenfalls duldete er keinen Schlaf, der über eine Viertelstunde dauerte, sondern rüttelte sich dann selbst auf."

Ich schlief keine Sekunde. Ich hörte den Mäusen zu, die offenbar froh waren über den unverhofften Besuch und sich vor der einäugigen Katze nicht fürchteten, ich nahm jeden Windstoß wahr und jedes Knacken im Holz, vor allem aber war ich glücklich, dass mein Gastgeber sehr bald in einen geräuschvollen Schlaf fiel. Er hatte angeblich eine Stelle in der EDV-Abteilung in einer der Städte im Tal gehabt und war entlassen worden, weil die EDV-Entwicklung zu schnell fortschritt, und als er, noch im Amt, gefragt wurde, was er nun zu tun gedenke, um den Fortschritt wieder einzuholen, habe er angeblich geantwortet, am liebsten würde er den ganzen Stadtrat zusammenschießen. Er wurde seiner Aufgaben sofort enthoben und hauste nun, so lange es ging, in seiner Berghütte, weil seine Wohnung in der Stadt sein arbeitsloser Sohn besetzte, mit dem, wie er sich ausdrückte, nicht gut Kirschen essen war. Mein Sohn, hatte er ausgerufen, neigt zu gewalttätigen Ausbrüchen!

Und die Wölfe? Waren es tatsächlich Wolfsspuren gewesen?

Am Morgen muss ich dann doch vor Erschöpfung eingeschlafen sein, denn als ich, ohne Anlass, die Lider öffnete, blickte ich meinem Gastgeber in die Augen, der sich unbemerkt auf die Bettkante gesetzt und sich direkt über mein Gesicht gebeugt hatte. Sein Starren muss mich aufgeweckt haben. Er war der Erste, der aufgab. Wir aßen schweigend den Rest der Nudeln, die er aufgewärmt hatte, dann zog ich mir, während er draußen nach frischen Spuren schauen wollte, meine getrockneten Kleider an und machte mich fertig. Es war schon zehn Uhr vorbei. Vor der Hütte empfing mich strahlendes Sonnenlicht, das ganze Tal war ausgeleuchtet, man sah sogar weit unten die Autobahn. Vereinzelt fielen ungewöhnlich dicke Schneeflocken, deren strahlendes Glitzern den Eindruck von blendender Helligkeit noch verstärkte.

Nur von Tom war nichts zu sehen.

Ich machte mich in panischer Eile auf den Weg. Und nahm mir vor, ihm einen Brief zu schreiben. Die Post würde ihn sicherlich erreichen, vielleicht würde ich dem Brief ein wenig Geld beilegen als Dank für die heikle Gastfreundschaft. Ich glaube, ich habe mich selten so erleichtert gefühlt wie in jener Sekunde des Aufbruchs, da ich sicher war, ihn nie mehr in meinem Leben sehen zu müssen.

In der kleinen Kapelle brannte ein ewiges Licht. Ich schaute kurz hinein, um mich für die Lebensrettung zu bedanken. Auf einem geweißelten Sims stand, neben einem hölzernen Kruzifix, in einem zerfallenden Rahmen das Foto einer Frau, die hier am Berg ihr Leben gelassen hatte, und ich war mir sicher, dass ich die Frau erkannte.

Die Sonne hatte die Schneekruste bereits etwas aufgetaut, sodass ich ordentlich vorankam. Kurz vor der Biegung, hinter der die Rehköpfe auf mich warteten, machte ich eine kurze Pause und schaute zurück, wie einer, der noch einmal mit dem Leben davongekommen ist, auch wenn ich mich fragte, was ich nun mit meinem Leben anfangen sollte. Ich spürte einen Zustand der Leere, der Leblosigkeit. Ich schloss die Augen, um das Sonnenlicht auf den Lidern zu spüren, und ich spürte tatsächlich, wie die Augen sich erwärmten.

Ich weiß, dass Sie sich nur schwer losreißen können, sagte Tom plötzlich so dicht hinter mir, dass ich mich nicht einmal umzudrehen brauchte. Sie dürfen mir helfen, die Asche zu streuen.

Er hatte zwei Eimer mit Asche in den Händen, die er zu einem Holzverschlag schleppte, der hangaufwärts halb verdeckt zwischen Bäumen stand. Mitten durch den hohen Schnee mussten wir hundert Meter steigen. In dem Verschlag lebten acht von ihm betreute Bienenvölker, und wenn die Sonne so ungeschützt auf den Hang fiel, erwachten die Bienen vorzeitig aus ihrem Winterschlaf und flogen in die Weiße. Und erblindeten. Blinde Bienen geben weniger Honig, sagte er, außerdem ist es Tierquälerei. Wir begannen, das Gelände um den Verschlag herum mit Asche zu bestreuen, eine wegen des vielen Schnees anstrengende Tätigkeit, die wir schweigsam und verbissen ausführten. Als ich einmal in eines der Fenster des windschiefen Schuppens blickte, schaute, was mich nicht mehr überraschte, ein anderer zurück.

Ich hatte, was auch immer noch kommen sollte, mein Leben verloren.

Zukunft

Eine Legende

Sie ging hinaus und ward nicht mehr gesehen.

Auf diesen Sachverhalt könnte man eine Erzählung beschränken; er entspricht der Wahrheit.

Wir saßen beim Abendbrot zu Tisch, tranken Wein und erzählten, von früher und von jetzt, und eine der jungen Frauen stellte sich die Zukunft vor, als wäre das einfach. Wir waren zu fünft, und da ein sechster Stuhl am Tisch stand, setzte sich gelegentlich der Wirt zu uns, der schon alles erlebt hatte, aber nichts sagen wollte. Er hatte ein freundliches Gesicht, oder aber nur ein freundliches Gesicht aufgesetzt, denn manchmal sah ich, wie es um seinen Mund und seine Augen zuckte, als ginge ihm etwas gegen den Strich. Ich selber beteiligte mich auch nicht gerade lebhaft am Gespräch, das in der Hauptsache zwischen den vier übrigen ausgetragen wurde, die sich Mühe gaben, das, was sie erlebt hatten, interessant zu finden, und das, was gerade passierte, aber immer schon vorbei war, wenigstens der Rede wert. Nur die junge Frau, die später hinausging und nicht mehr gesehen ward, bestand darauf, auch über die Zukunft sprechen zu wollen, weil es ihr unsinnig vorkomme, eine Vergangenheit ohne Zukunft zu denken. Sie hatte ein ovales Gesicht und ausdrucksstarke Hände, mit denen sie jeden Satz, der ihr zur Zukunft einfiel, leibhaftig illustrierte. Was meinst du?, fragte sie mich. Ich stand in diesem Freundeskreis in dem zweifelhaften Ruf der Unnahbarkeit, obwohl ich mich manchmal geradezu zwanghaft bemühte, den Kasper zu geben, den lustigen Vogel, der sich beobachtet fühlt, aber jetzt fühlte ich mich aufgerufen, die richtigen Worte zu finden.

Ich kann mir sehr gut vorstellen, mit dir eine Zukunft zu haben, sagte ich, aber weil ich der Älteste in dieser Runde war, fügte ich hinzu, nur leider kann ich unserer Zukunft keine lange Vergangenheit bieten.

Ich hatte so ernst gesprochen, dass das unangemessene Lachen der drei nur mit Verzögerung kam, lange anhielt und plötzlich aufhörte, und eine Stille entstand, die so groß und erschöpfend war, dass sie eine Freundschaft mit den frechen Lachern nicht mehr ertragen konnte.

In diese Stille hinein stand die junge Frau mit dem ovalen Gesicht auf und verließ ohne ein weiteres Wort die Gaststube.

Ich blieb unbegreiflicherweise in der Gegenwart sitzen, neben den anderen, aber für immer von ihnen getrennt, legte meinen Kopf in die Hände und wollte in diesem geheimnislosen Elend bis zur Rückkehr der Frau verharren. Aber sie ward nicht mehr gesehen.

Wir stellten, unsere letzte gemeinsame Tat, das Haus auf den Kopf, durchsuchten Keller und Böden, Garagen und Wirtschaftsgebäude, und als wir sie nicht fanden, beschlossen wir, in allen vier Himmelsrichtungen nach ihr zu suchen. Die beiden Männer machten sich nach Süden und nach Westen auf, die Frau sollte den Norden durchforsten, und mir blieb der Osten. Ich hielt die Spur.

Als ich, am Ende meines Lebens und nur noch wenig Zukunft vor mir, zu dem Gasthaus zurückkehrte – die Wirte hatten es renoviert, es gab eine Bowlingbahn und einen Swimmingpool –, sah ich, aufblickend, die junge Frau an dem mittleren oberen Fenster des frisch verputzten Gebäudes stehen. Sie winkte mir zu, als hätte sie auf mich gewartet. Mit letzter Kraft hob ich die Hand und winkte zurück.

Die Rückkehr aus Leiden

Ich kam aus Leiden zurück, von der Beerdigung meines Freundes, und stand nun hilflos in meinem Arbeitszimmer, das eigentlich auch mein Schlafzimmer war, aber weder an Arbeit noch an Schlaf war zu denken. Ich konnte mich vor lauter Unruhe nicht einmal hinsetzen, und auch das Buch, das ich wahllos zur Hand nahm und aufschlug – ein Buch über den Begriff des „Schurken“ –, half mir nicht über die Beklemmung hinweg. Ich war, bis zu meinem persönlichen Aufbruch, meiner Flucht, Zeuge meiner eigenen Beerdigung gewesen, ich war im Begriff gewesen, mich selbst zu begraben, weil mein „willentlich-bewusst-intentional-entscheidungsfähiges Ich“ sich vor meinen Augen aufzulösen, zu zerfallen, sich in Asche zu verwandeln schien. Also war ich unter den Augen der verdutzten Trauergemeinde mit einem lauten Schrei davongestürzt und hatte mich sofort zum Flughafen bringen lassen.

Ich ging zum Fenster und krallte mich an dem kalten Öffner fest, die Stirn an die Scheibe gepresst. Endlich gelang es mir, wenigstens richtig zu atmen.

Ich sah sofort das Haus wieder vor mir, in dem mein Freund mehr als dreißig Jahre gelebt hatte, die Küche, vollgestopft mit schwarz gekleideten Menschen, die schwatzend Kaffee tranken und trockenen Biskuitkuchen aßen, ich sah die alte Küchenspüle aus Email, von der ein dicker Placken abgeplatzt war, ich sah das schiefe Küchenregal wieder vor mir, auf dem neben zusammengewürfeltem Geschirr und mehreren Flaschen Champagner zerfledderte und vor Feuchtigkeit gewellte Bücher standen, Marc Aurel und Divina Commedia war auf den Rücken zu lesen, aber auch Übersetzungen der Bücher meines Freundes, der sich besonders über chinesische Fassungen seiner Hauptwerke gefreut hatte, weil man, wie er fälschlicherweise glaubte, in China etwas „bewegen“ könne, und dann maßlos enttäuscht darüber war, dass offenbar außer seinem Namen nicht mehr viel von ihm in diesen Übersetzungen zu finden war. Von da an war China für ihn „gestorben“.

Eine schöne geräumige Küche, nur durch die vielen Traugäste zeitweilig um ihre Schönheit gebracht. Wie Kolkraben saßen die Menschen um den Küchentisch herum und belauerten sich. Wer wird der Nächste sein? Einen alten Kapellmeister, herzkrank und vor lauter Atemnot pfeifend, hatte ich, als ich ihm auf der Treppe begegnete, von hinten in den ersten Stock geschoben, wo er sich krachend auf einer Truhe niederließ. Irgendwie hatte er es wohl doch noch in den zweiten Stock geschafft und saß nun mit heraustretenden, geröteten Augen mümmelnd am Küchentisch, ein Wasserglas mit Champagner in den zitternden Händen. Er sollte später, im Stadthaus, die offizielle Totenrede halten, und fragte nun mit vollem Mund, wen er aller begrüßen müsste.

Die vier Ehefrauen waren anwesend, samt Kindern und Kindeskindern und neuen Ehemännern, die Schriftstellerkollegen, die insgeheim, das sah man ihren Gesichtern an, daran dachten, einen Konkurrenten weniger zu haben, wenn es um die Staatspreise für das Lebenswerk ging, Museumsleute und Politiker und eine Reihe von Freunden, die ich, trotz der ungewohnten Umgebung, wiedererkannte, einen Banker zum Beispiel, in dessen Auto wir einmal nach Antwerpen gefahren waren; eine unvergessliche Fahrt, weil dieser lebensfroh aussehende Mann alle fünf Minuten anhalten ließ, um seine schmerzende Blase zu entleeren, was zur Folge hatte, dass wir erst in der Nacht in Antwerpen eintrafen und sofort zurückfahren mussten, weil die Galerie, die wir wegen einer Ausstellungseröffnung aufsuchen wollten, bereits geschlossen hatte.

Zwei der Enkel hatten ihre Hemden ausgezogen und zeigten sich gegenseitig ihre neuen Tattoos, mythische Zeichen, in vielen Farben auf ihren bleichen Rücken eingeritzt, und die Frau eines Politikers, deren altersschwerer Kopf wegen einiger massiver Goldbehänge ständig auf die Brust sank, strich mit einem ungläubigen Finger über die Runen, als handele es sich tatsächlich um heilige Abbildungen.

Ich hatte meinen Freund vor Ewigkeiten in Venedig kennengelernt, in einem winzigen Hotel hinter La Fenice, in dem wir beide im dritten und letzten Stock ein Zimmer gemietet hatten, er wohnte in 302, ich in 303, in 301 wohnte ein fetter zypriotischer Kunsthistoriker, dem irgendetwas an den Engeln von Tiepolos Gemälde in San Rocco aufgefallen war, das nicht stimmen konnte. Was es war, wollte diese pralle Wurst von einem Mann nicht verraten, weil, so wörtlich, „mein einziges Laster das Misstrauen ist“. Eines Abends hatte sich dieses personifizierte Misstrauen in der Tür des winzigen Fahrstuhls eingeklemmt und schrie panisch um Hilfe, sodass wir, mein späterer Freund und ich, aus unseren Zimmern schossen und den schwitzenden Mann mit seinen vollen Einkaufstüten aus seinem Käfig befreiten. Schwer atmend standen wir drei auf dem eng bemessenen Raum beieinander, und in der Verwirrung, die sich durch diese unmenschliche Nähe ergeben hatte, ging ich in 302, der Zypriote in mein Zimmer und mein späterer Freund in das Zimmer des Zyprioten, und wie in einer venezianischen Komödie standen der Holländer und ich uns nach Sekunden bereits wieder gegenüber, während der schwitzende Kunsthistoriker sich offenbar in meinem Zimmer von seinem

Schrecken erholte. Von ihm war nichts mehr zu hören außer gelegentlichen Seufzern.

Nach der gegenseitigen Vorstellung waren der Holländer und ich in das Zimmer des Zyprioten eingedrungen, um uns eine genaue Vorstellung von dessen Arbeit zu machen. Sämtliche Wände waren mit Abbildungen von Engeln beklebt, in der Mitte hing ein Plakat von „Abraham erhält Besuch von den Engeln“ und an der Tür kam ein Engel Hagar und Ismael zu Hilfe. Offenbar war der Mann damit beschäftigt, etwas über die Formate der Flügel der Engel herauszufinden, dazu gab es jedenfalls eine Menge Berechnungen, und wenn nicht alles täuschte, war der Zypriote ein Experte für esoterisches Wissen. Während ich dazu neigte, die sonderbaren Zahlenreihen und Zeichnungen, auf denen Engelsbewegungen und Beschleunigungsabläufe dargestellt waren, für ausgemachten Mumpitz zu halten, fand der Holländer Gefallen an dieser Zahlenmystik. Er hatte sein Büchlein hervorgeholt und machte in winziger Schrift Notizen, später fotografierte er die Zahlenreihen, um sie, wie er sagte, mit seinen eigenen Berechnungen zu vergleichen.

Als ich für kurze Zeit die Küche verließ und mich heimlich in das Arbeitszimmer meines toten Freundes begab, sah ich vergrößerte Aufnahmen dieser Zahlenreihen über seinem Schreibtisch hängen, übersät mit Anmerkungen. Ich war gerade dabei, sie etwas genauer zu studieren, als plötzlich die Tür zu diesem stillen Zimmer der Forschung und der Meditation aufging und vier Sargträger in Frack und mit Zylinder eintraten und mit ihrer schmucklosen Holzkiste ohne jede Begrüßung an mir vorbei in das kleine Kabinett gingen, das hinter dem monumentalen Schreibtisch gelegen war. Ich wusste von früheren Besuchen, dass in diesem Kabinett die Lieblingsbücher meines Freundes standen, die er dort, und nur dort, auf einer Liege ruhend, las. Unvorstellbar, dass sich vier Sargträger in diesem winzigen Raum aufhalten konnten. Ich hatte wenig Zeit, mir darüber den Kopf zu zerbrechen, weil sie schon wieder herausplatzten, die Holzkiste gefährlich schräg haltend, damit sie ohne anzustoßen um die Ecke kamen. In der offenen Holzkiste lag mein Freund. Sie stellten ihn direkt vor meinen Füßen ab, den Deckel legten sie quer über den Schreibtisch, und einer der Sargträger, der den Zylinder jetzt in der Hand hielt, sagte auf Englisch, man solle schnell Abschied nehmen, damit man noch rechtzeitig ins Stadthaus zur Totenfeier komme, er wolle nicht schuld sein für eine Verspätung. Ich war aber der Einzige im Zimmer, die anderen saßen ja noch oben in der Küche, und ich wollte als Fremder nicht nach oben gehen und zur Eile mahnen. Einer der Sargträger hatte sich auf dem Schreibtischstuhl meines Freundes niedergelassen und spielte gedankenlos mit den heiligen Gegenständen, die er dort vorfand. Mir stockte der Atem, als ich sah, wie ungeniert er die winzigen Schrumpfköpfe in die Hand nahm, diese verknitterten Hautsäcke, von denen mein Freund über die Jahre eine kleine Gesellschaft zusammengekauft hatte, Menschlein von der Größe einer Hand, mit ovalen Augenhöhlen und einem streichholzgroßen Penis, die Haare auf dem Kopf noch fest, die Fingernägel, eingerissen, ungewöhnlich lang. Mein verstorbener Freund hatte diese Geisterarmee – auf den ersten Blick rund dreißig Gnome, die auf der gesamten Breite seines Schreibtischs auf dünnen Metallscheiben standen – auf seinen Todesfahrten durch Afrika und Südamerika erworben. Jetzt beobachteten und bewachten sie ihn, was bei Gesprächen oft dazu führte, dass er wie nebenbei sagte: Wenn meine Dämonen es zulassen, oder, ich bin mal gespannt, was die Götter des Schreibtischs dazu sagen. Die Götter des Schreibtischs, ausschließlich männliche Wesen, soweit ich mich erinnere, hatten in der Tat oft andere Ansichten über die Qualität der Arbeit meines Freundes, was, wie er mir erklärte, zu langen und ungemütlichen Séancen führte, die nicht immer zu seinen Gunsten ausgingen. Näheres war nicht zu erfahren.

Es galt allerdings ein hohes Gesetz in diesem Arbeitszimmer, eine Bedingung, die einem den Eintritt überhaupt erst ermöglichte: Man durfte die Dämonen nicht anfassen, nicht einmal die flachen Untersätze, aber schon gar nicht die schutzlosen Körperchen selber, die gewiss dazu reizten, ihre knittrige Haut zu berühren. Ein mit mir befreundeter Historiker aus Leiden, ein weltweit bekannter Experte für häretische Sekten im spanischen Mittelalter, der mit beißender Ironie nicht zurückhielt, wenn die Sprache auf die Dämonen meines Freundes kam, erzählte mir, dass der Hund unseres Freundes, ein sogenannter Königspudel von erheblicher Körpergröße, einmal mit der nassen Zunge über eines der Hautmännlein gefahren und wenige Tage später an einem Nierenleiden verstorben sei.

Jetzt fläzte also einer der Sargträger auf dem verwaisten Arbeitsstuhl meines verstorbenen Freundes und hatte einen der Dämonen in der linken Hand oder besser am Wickel, mit seinem nikotingelben, bis aufs Nagelbett abgefressenen Zeigefinger der anderen Hand tupfte er schamlos gegen das zarte Köpfchen, wie um dessen Haltbarkeit zu prüfen. Ich sah förmlich vor mir, welches Schicksal diesen Mann in allernächster Zeit ereilen würde. Er war doch eben noch kerngesund, hatte gerade seine letzte Zigarette geraucht und wieder mit dem Sport angefangen, und war nicht auch die Arbeit an der frischen Luft geeignet, ein langes Leben vorauszusagen? Er wird sterben, sagte ich bei mir, aber ich brachte kein Wort heraus, um den Mann vor den ihm zugedachten Höllenqualen zu retten. Die anderen Sargträger saßen auf dem Sofa, ihre

Zylinder vor sich auf den Knien, ein Bild wie aus dem Goldenen Zeitalter der holländischen Malerei: Die Gilde der Bestattungsunternehmer, und ich stand und schaute auf meinen Freund hinunter, den man in einen seiner besten Anzüge gekleidet hatte. In Venedig, wenige Tage nach unserem Kennenlernen, hatte er mir gestanden, die Stadt eigentlich nur noch wegen der Schneider aufzusuchen, alle seine Anzüge und seine Hemden, aber auch die leichten Mäntel seien in Venedig angefertigt worden, und weil ich im Lauf der Jahre doch den größten Teil dieser Anzüge, Hemden und leichten Mäntel sehen durfte, konnte ich besser beurteilen, warum dieser Mann so oft nach Venedig fahren musste. Ich selbst habe nie ein Verhältnis zu eleganter Herrenkleidung entwickeln können. Wenn ich die Fotos von den im Zeitraum von etwa zwanzig Jahren stattgefundenen Beerdigungen meiner Familie anschaue, sehe ich mich immer in demselben Anzug an den farbenfrohen Gräbern stehen, ein dunkler Fleck in einem Blumenmeer. Diesen Anzug, den ich noch heute besitze, habe ich, wenn ich es überschlage, nicht mehr als vierzigmal getragen, zu dreißig Beerdigungen und etwa zehn anderen Gelegenheiten, an die ich mich ungern erinnere. Offenbar habe ich meine Statur nicht wesentlich verändert, während mein Freund, wie ich in Leiden in seinem Arbeitszimmer sehen konnte, nur noch die Hälfte seines ursprünglichen Gewichts zu haben schien. Wie eine kleine Kopie des originalen Schriftstellers schaute er aus einem seiner mehr als vierzig venezianischen Anzüge hervor, während ich in meinem einzigen Anzug über ihm stand und ihn anstarrte. Seine von Altersflecken übersäten Hände hatte man ihm über dem Leib zusammengelegt, eine Haltung, die er im Leben nie eingenommen hatte, auch sein Gesicht schien hergerichtet zu sein, jedenfalls konnte ich mir nicht vorstellen, dass er sich so friedlich dem Tod ausgeliefert hatte.

Nun waren Schritte von draußen zu hören, und bald darauf kamen mit zum Teil hochroten Gesichtern die Trauergäste ins Arbeitszimmer, die trotz des vielen Alkohols den Abstieg über die halsbrecherisch schmale Treppe überlebt hatten. Sie verschnauften kurz, um sich für die letzte Treppe hinunter zum Ausgang vorzubereiten, blickten sich wie ertappt um, als sie den friedlich in seinem rohen Holzsarg liegenden Freund sahen, und machten sich seufzend auf den Weg. Die vier Sargträger befestigten den Deckel mit einer Art Zwingen, hievten sich die Kiste auf die Schultern und folgten unter Rufen und Stöhnen den Gästen, wobei der Sarg ständig gegen das Treppengeländer knallte oder die Decke streifte und mehrere Male so stark schwankte, dass ich über die Köpfe der hinteren Träger hinweg mit festem Handgriff zupacken musste, um eine Katastrophe zu verhindern. Die Vorstellung, dass mein Freund in letzter Sekunde seine letzte Behausung – wenn auch unfreiwillig – verlassen würde, um noch einmal auf seiner vermaledeiten Treppe zu landen, war komisch und entsetzlich zugleich. Komisch deshalb, weil mein Freund zu Lebzeiten die seltsamsten Ansichten über den Tod gehabt hatte. Auf jeden Fall war für ihn die Sache mit der Beerdigung nicht vorbei, soviel kann ich sagen. In vielen seiner allzu vielen Bücher, von denen ja nur ein Bruchteil in andere Sprachen übersetzt worden und damit für mich lesbar war, hatte er sich mit dem Tod auseinandergesetzt, aber nicht im Sinne unseres gewandelten Verhältnisses zum Tod, wie der immer noch unvergleichliche Philippe Ariès, und auch nicht, wie Canetti, als Todfeind des Todes, sondern eher in einer esoterisch-mystischen Perspektive, die den Tod als Schwelle versteht – und folglich kamen seine Beispiele aus allen nur denkbaren Religionen und waren eher magisch-beschwörender Natur als sachlich. In seiner Zeit als Professor für Religionsgeschichte in Leiden hatte er sich jahrzehntelang durch die Geschichte und Programme der Sekten gebohrt, mit einer Leidenschaft und einem Überschwang, die mit wissenschaftlicher Genauigkeit angeblich immer weniger zu tun hatten, wie seine zahlreichen Gegner mit größter Insistenz behaupteten. Dafür wurden seine Bücher für breite Leserkreise immer attraktiver – er hätte gut und gerne hundert Vorträge im Jahr halten können, ohne dass ihm je der Stoff und die Begeisterung ausgegangen wären. Seine Kenntnisse der hinduistischen und buddhistischen Quellen waren einschüchternd, obwohl er sie nie einsetzte, um andere Menschen zu blamieren, sondern um sie zu überzeugen, denn insgeheim, glaube ich, hoffte er doch, als Chef einer Geheimgesellschaft anerkannt zu werden. Wenn ich diesen Gedanken ihm gegenüber auch nur andeutete, brach er in ein Gelächter aus, dessen Lautstärke schon viele seiner Anhänger in Angst und Schrecken versetzt hatte, aber ich hörte es immer so – oder wollte es so hören –, als wolle er solche Anwandlungen weglachen, die sein innerstes Geheimnis hätten entblößen können. Das Gelächter diente dazu, eine Grenze zu ziehen.

Wir versammelten uns alle vor dem Haus meines verstorbenen Freundes, einem schmalen Gebäude aus dem 17. Jahrhundert. Einige seiner Freunde, vor allem die älteren, waren so betrunken, dass sie kaum selber gehen konnten, also hakten sie sich unter und schwankten in geschlossenen Viererreihen hinter dem Sarg her, der wiederum einer eigens angereisten Zigeunerkapelle folgte, die mit ohrenbetäubender Lautstärke Zigeunerweisen spielte, sehr zur Freude der Passanten, die ein dichtes Spalier bis zum Stadthaus bildeten. Ich war verblüfft, mit welcher Anteilnahme die ganze Stadt Abschied zu nehmen schien; allerdings konnte man auf einigen der Gesichter auch eine stille Zufriedenheit bemerken, die ganz offenbar daher rührte, dass nicht jeder Bewohner der Stadt Leiden den Abgang meines Freundes bedauerte. Zu oft hatte er sich über die mangelnde Großzügigkeit der Leidener Bevölkerung beklagt, über ihre Selbstzufriedenheit und politische Indifferenz.

In den Ansprachen, die im Stadthaus gehalten wurden, war davon nicht die Rede. Wenn man, wegen der zunehmenden Trunkenheit der Redner, überhaupt etwas verstand, dann ging es in der Hauptsache darum, dass der Verstorbene mit diesem seinem Werk den Tod besiegt hätte, und wie um die Wahrheit solcher Aussagen zu bestätigen, begann der auf Holzböden aufgebahrte Sarg sich zu bewegen und wäre zu Boden geschlittert, wenn nicht ein beherzter Philosoph aus Leiden ihn aufgehalten hätte. Eine karnevalistische Stimmung machte sich breit, die an den Herbst des Mittelalters denken ließ. Lautes Lachen war zu hören, einige verließen den Saal, um am Buffet etwas zu trinken, andere schliefen ein. Die Familie Brueghel hätte ihre Freude an diesem Spektakel gehabt.

Danach setzte sich der Trauerzug wieder in Bewegung, es ging, unter Begleitung der gesamten Stadt, zum außerhalb gelegenen Gottesacker, wo die festliche, inzwischen derangierte Gesellschaft schließlich auch vor dem offenen Grab anlangte.

Der Friedhof war schwarz vor Menschen. Wie eine zähe Kruste lag diese stark bewegte Masse über der misshandelten Erinnerung. Kein Gast auf diesem Gottesacker benahm sich wie ein Gast, man stieg über Gräber oder stand auf ihnen, um bessere Sicht zu haben. Hatte sich das Auge einmal an die Situation gewöhnt, begann es mit der mühsamen Arbeit der Differenzierung, es fing an, Gesichter zu erkennen und wiederzuerkennen, Freunde und Kollegen vom Lehrstuhl, Autoren und andere Künstler, deren Physiognomien mir nur von Fotos bekannt waren und die ich hier zum ersten Mal leibhaftig vor mir sah, und natürlich die üblichen Vampire, die sich bei solchen Gelegenheiten blicken lassen, um zum letzten Mal von der Aura des Toten zu profitieren.

Und dann sah ich, weil tatsächlich unübersehbar, den dicken Zyprioten aus Venedig wieder, den Gast von Zimmernummer 301, der sich mit rudernden Gesten und lauten Ausrufen in verschiedenen Sprachen immer näher an das Grab heranarbeitete. Er trug ein helles Jackett über einer Art Hawaiihemd, das über der Hose hing, der Schweiß bedeckte sein tiefrot angelaufenes Gesicht, und gelegentlich hob er eine ehemals weiße Plastiktüte in die Höhe, als enthalte sie etwas, das ihn zu diesem rüpelhaften Benehmen berechtigte.

Schließlich hatte er es geschafft und stand nun, die ärmliche Plastiktüte mit beiden Händen vor seinem Bauch umklammert, neben dem immer noch arglosen Totengräber, der gerade seinen Zylinder abgenommen hatte, um sich mit einem rotgepunkteten Rotztuch das Gesicht abzuwischen.

Wir sollten nun alle, so hatte es sich der Verstorbene gewünscht, an dem geöffneten Sarg vorbeigehen, um mit einem letzten Blick für immer von unserem Freund Abschied zu nehmen. Keine Erde, keine Blumen, nur Blicke.

Die schwarze Masse wollte sich nicht auflösen, und da offenbar jeder der Anwesenden schon einmal die Erfahrung gemacht hatte, wie demütigend es ist, immer noch hundert Trauernde vor sich zu haben, sah man hier und dort Gerangel und Geschubse, bis sich endlich so etwas wie eine Ordnung ergeben hatte. Das breite Delta der Trauernden mündete gewissermaßen in den Sarg, und tatsächlich hatte ich die Vorstellung, dass keiner ungeschoren davonkommen würde, mein Freund würde sie alle schlucken. Der Einzige in dieser langen Schlange, der keinerlei Absicht hatte, sich zu bewegen, war der zypriotische Engelforscher. Breitbeinig stand er am Kopfende des offenen Sarges und blickte starr nach unten auf das aschfahle Totengesicht, als sei er hier zu diesem traurigen Dienst verpflichtet worden. Der Strom der Trauernden floss um ihn herum, bei ihm selber war außer einem Zittern der Augenbrauen keine Anteilnahme zu bemerken.

Je näher ich an den Sarg herangeschoben wurde und je besser ich den toten Freund nun ins Auge nehmen konnte, desto deutlicher sah ich, wie sehr er in der Zwischenzeit geschrumpft war. Wie eine tote Maus schaute er nun aus dem gestärkten Kragen seines maßgeschneiderten Hemdes heraus, die ehemals spitze Nase war zur Seite hin abgesunken, aus dem leicht geöffneten Mund blitzte eine Zunge von der Größe einer Euromünze hervor. Auch die Hände, über dem erstklassigen Tuch gefaltet, sahen aus wie die Hände eines Neugeborenen, nur die Fingernägel hatten ihre alte Größe beibehalten und sahen über den nun winzigen Kuppen aus wie riesige Rattenkrallen.

Ich ließ mich von der Trauermasse an die Seite drängen, um noch einen längeren Blick auf die sich verändernde Gestalt haben zu können, aber es gab gar keinen Zweifel, dass hier ein unerklärlicher Vorgang stattfand, der sich jeder vernünftigen Diskussion entzog. Je kleiner der Körper unseres Freundes wurde, desto mehr hellte sich das Gesicht des Zyprioten auf. Er schien eine Freude angesichts dieses Verschwindens zu haben, denn nun sah ich auch ein Lächeln über seine Züge huschen. Das allerdings war wie weggeputzt, als er den Kopf hob, um zu sehen, wie viele Trauergäste noch in der Schlange standen, um mit ihren Blicken unseren Freund auszulöschen. Denn als er mich erkannte, fuhr wie ein Blitz ein helles Erschrecken durch seinen massigen Körper, er riss sich förmlich zusammen, stellte sich gerade hin, um der offensichtlichen Durchkreuzung seiner Pläne entgegenzutreten, und starrte mich feindlich an, sodass ich am liebsten umgedreht und in die andere Richtung davongelaufen wäre.

Und dann kam der Moment, wo zwischen dem Zyprioten und mir nur noch der Sarg war, und in dem Sarg das Mäusegesicht.

Ohne ein Wort des Erkennens oder der Begrüßung standen wir uns gegenüber, lange und quälende Sekunden, bis der Engelforscher sich plötzlich blitzschnell bückte, den Kopf unseres Freundes aus dem Hemd pflückte und in seiner Plastiktasche verstaute, um dann in einer von mir ihm nicht zugetrauten Schnelligkeit zwischen den Gräbern zu verschwinden.

Das Ganze ging so schnell, dass auch die Sargträger, die sich nun an die Arbeit machen mussten, unseren Freund unter die Erde zu bringen, erst nach einigen Momenten merkten, dass die Leiche keinen Kopf mehr hatte. Einer von ihnen, der Todgeweihte, hob sogar den Kragen an, um nach dem Köpfchen zu suchen, entblößte aber nur einen blutigen, daumengroßen Hals. Sie blickten sich irgendwie ratlos an, dann schraubten sie den Sarg zu und ließen ihn in die Erde.

Bei dem anschließenden Leichenschmaus hätte ich eine Rede auf meinen Freund halten sollen, aber weder konnte ich das Manuskript in einer der vielen Taschen meines Anzugs finden, noch war mir nach einem Auftritt zumute. Ich ging an den nun wieder heiteren Menschen vorbei auf den Ausgang zu, fand ein Taxi und ließ mich sofort zum Flughafen bringen.

Unmögliche Eheschließung

An einem Wochenende im Mai 1967 oder 1969 fuhr mein Freund Xaver, ein Schriftsteller, zur Hochzeit seiner Schwester nach Berlin. Wie es seine Art war, hatte er mir vor Antritt seiner Reise in allen Details die Vor- und Nachteile dieser Verbindung erläutert, gerade so, als wolle er mir ein Kapitel eines Romans erzählen. Interessant für ihn war, dass beide Familien etwas gegen diese Ehe hatten, aber nicht etwa, weil die Verhältnisse der jeweils anderen Partei zu armselig waren, sondern weil man – für ihn ein selten vorkommender Befund – das eigene Kind, hier die Tochter, dort der Sohn, für das Eingehen einer dem Plan nach lebenslangen Partnerschaft für unreif und deshalb ungeeignet hielt. Da man nun allerdings nicht in der Lage war, diesen niederschmetternden Sachverhalt den eigenen Kindern auseinanderzusetzen – obwohl es, wie Xaver sich ausdrückte, die Spatzen von den Dächern pfiffen –, versuchte man mit allen Mitteln, das eigene Kind gewissermaßen hintenherum anzuschwärzen. Was auch, wenn man Xaver glauben wollte, in vollem Umfang gelang: Die beiden wurden, in den eng bemessenen Grenzen, in denen sich ihr Leben bewegte, zum Gespött. Aber als wollten sie – und hier sah Xaver natürlich ein brisantes Kapitel seines neuen Romans vor sich – den Beweis für ihre Unreife selbst liefern, nahmen sie all das Gerede, die Unwahrheiten und massiven Verleumdungen, gar nicht zur Kenntnis. Sie muckten nicht auf, protestierten nicht, als seien sie mit all dem Unflat einverstanden. Xavers Schwester arbeitete in der Bildstelle der Stiftung Preußischer Kulturbesitz. An manchen Tagen hatte sie – wie er fassungslos erzählte, sie war seine Lieblingsschwester – bis zu zweihundert Bilder in der Hand – oder genauer: gingen ihr zweihundert Bilder durch die Hände, was, Xaver zufolge, der Hauptgrund sein konnte für ihre gelegentliche Beschränktheit, wie er es nannte.

Denn seine Schwester nahm die Bilder angeblich nicht nur in die Hand, um – vor dem Versenden – deren Signatur festzuhalten, sondern um sich die abgebildeten Gegenstände einzuprägen. Wer eine derartige Menge an Gegenständen in seinem Kopf verwahrt – und zwar sorgfältig, nicht durcheinander –, der konnte, der musste für die Anforderungen des Alltäglichen immun sein. Ironie, Zynismus, Provokationen glitten an ihr ab. Derartige Besonderheiten des menschlichen Austausches passten in keine der exakt beschrifteten Schubfächer ihres Gehirns, das gleichzeitig Tausende von Blättern mit den bösesten Invektiven aus zweihundert Jahren mühelos gespeichert hatte. Sie nahm die Welt nur in Bildern auf, der Rest nistete sich zufällig in ihr ein. Und genau so, zufällig, hatte sie ihren Verlobten kennengelernt, Bildredakteur einer Tageszeitung, mit dem sie bereits Hunderte von Formbriefen getauscht hatte, ohne sich auch nur einmal zu fragen, wer wohl hinter der seltsamen Unterschrift steckte. Mit keinem anderen Menschen in ihrem Leben hatte sie mehr als ein Dutzend Briefe gewechselt, weil sie der Ansicht war, sie tauge nicht zur Vermehrung der Herzensschrift. Außerdem war sie diskret. Ihre Diskretion ging so weit, dass sie einmal, als Zeugin eines Banküberfalls, nicht bereit und auch nicht fähig gewesen war, physiognomische Details des Verbrechers zu liefern, obwohl sie neben ihm gestanden hatte, als der seelenruhig seine Geldpacken in einer Plastiktüte verstaute. Die Frau, die jede Winzigkeit einer x-beliebigen Zeichnung aus dem 18. Jahrhundert im Kopf hatte, war nicht in der Lage, auch nur in groben Umrissen den Mann zu beschreiben, der gerade mit größter Selbstverständlichkeit mehr Geld einsackte, als sie in zehn Jahren nicht verdienen würde. Sie hat ihn – aus Diskretion – nicht angeschaut, behauptete Xaver, man schaut eben nicht hin, wenn einer größere Mengen Geldes in den Händen hält, schon gar nicht, wenn man ihn nicht näher kennt.

Ein einziges Mal in ihrer langen Karriere als Sachbearbeiterin der Stiftung hatte sie ein falsches Bild in den Umschlag gesteckt, den ein wartender Kurier noch rechtzeitig vor dem Umbruch zur Zeitung bringen musste. Eine Tragödie. Die Zeitung erschien ohne Bild, und auch wenn kein einziger Leser auch nur einen Piep gemacht hatte, schrieb der Chefredakteur in einer Aktennotiz an den Feuilletonchef, man solle in Zukunft doch darauf achten, bei der Besprechung großer Ausstellungen auch optisch zu glänzen, die der Feuilletonchef an den Bildredakteur weitergab mit dem Vermerk, er könne ohne angeforderte, aber nicht erhaltene Abbildung leider nicht glänzen, die der Bildredakteur an Xavers Schwester schickte mit der handschriftlichen Frage: Was tun? Auf diese Weise sah sich Xavers Schwester gezwungen, aus dem Schema des Formbriefs auszubrechen und einen Entschuldigungsbrief an den sehr geehrten Bildredakteur zu schreiben, der diesen zu einer Antwort reizte, die offenbar so bezwingend war, dass wenig später, gegen den Willen beider Familien, die Verlobung bekannt gegeben werden musste.

Xaver fuhr also zur Hochzeit seiner geliebten Schwester nach Berlin. Er wollte alles tun, um sie vor der Familie zu schützen. Besonders die beiden anderen Schwestern mussten daran gehindert werden, den Eintritt – was immer das heißen mochte – in die Ehe nicht in einen Alptraum zu verwandeln. Die ältere Schwester seiner Lieblingsschwester war mit einem schottischen Popmusiker verheiratet, einem angeblichen Wunderkind, dem die Nutzbarmachung des Dudelsacks für die Popmusik zu verdanken war. Da allen beteiligten Musikern bekannt war, dass der langsame Dudelsack sich nicht kampflos der neuen Musik ergeben würde, hatten die drei Schotten, die zusammen mit dem Mann der Schwester eine Combo bildeten, Gewalt angewendet, was dazu führte, dass man am Ende nichts mehr verstand – auf den Platten jedenfalls, die Xaver mir mitgebracht hatte, war nur ein Klangteppich ausgebreitet, ein lauter, undifferenzierter Klangteppich oder genauer: eine Dudelsackorgie. Diese Schotten hätten, so Xaver, die unangenehme Eigenschaft, auf allen Familienfeiern spielen zu wollen, und zwar kostenlos, was so viel hieß wie: Man war gezwungen, sie spielen zu lassen. Da saßen also, so Xaver, diese schmuddeligen Schotten in ihren Röckchen und bliesen wie die Verrückten in ihre Dudelsackpfeifen, dass einem Hören und Sehen verging, und wenn einer etwas gegen diese Art von Verhöhnung von Musik auszusprechen wagte, wurde er von den ungehobelten Mistkerlen zusammengestaucht. Das einzig Gute an diesen Dudelsäcken aber war, dass man sie nicht verstand. Auch die Schwester von Xaver verstand ihren Mann nicht, der ihr seinen Unsinn erst ins Englische übersetzen musste und, wenn andere Zuhörer in der Nähe waren, stets hinzufügte, das Wesentliche seiner sprachlichen Äußerungen sei freilich der Übersetzung zum Opfer gefallen. Natürlich war diese Band – so Xaver immer, wenn auf die Krachmacher die Rede kam – weltberühmt, sie war die nächsten drei Jahre ausgebucht und musste einen Haufen Scherereien mit ihrer Agentur in Kauf nehmen, um für einen Tag auf der Hochzeit der mittleren Schwester von Xaver die Leute verrückt zu machen. Die ältere, mit einem der Dudelsäcke verehelichte Schwester hatte sich so an den gestaltlosen Krach gewöhnt, dass sie ihn – wie auch das Leben, das sie als Begleiterin führte – als einzig mögliche, nämlich alternative Kunstform allen anderen Kunstformen vorzog. Der Dudelsack war die Kunst an sich, die Geschichte des Dudelsacks war Musik- und Kulturgeschichte dazu, das Leben auf Reisen war das ständige Überspringen von Grenzen und so weiter – in dieser Art traktierte die ältere Schwester üblicherweise ihre Familie, weshalb Xaver Angst hatte, dass die Braut durcheinandergeraten und die Ehe noch vor der endgültigen Schließung absagen könnte.

Auch die jüngere Schwester bildete einen Gefahrenherd. Sie fristete als Marxistin recht und schlecht ihr Leben. Drei oder vier Stoff- und Studiengebiete hatte sie bereits mit dem breiten Pinsel ihrer marxistischen Lehre übertüncht, jetzt hatte sie – Gott weiß warum – die Germanistik am Wickel, die von ihr nach Strich und Faden revolutioniert wurde. Eine ihrer ideologisch nicht weniger bedenklichen Marotten war das Sammeln von Schuhen. Sie hortete Hunderte von Paaren, die in all ihrer Farbenfülle neben den strengen blauen und braunen Ausgaben der Schriften von Marx und Engels und Lenin, Stalin, Trotzki und Ulbricht standen, stabile Zeugnisse einer alten Handwerkskultur, die vor dem Horizont der Weltbeglücker einen seltsamen Eindruck machten. Als hätten sich die marxistischen Helden auf ein Zeichen hin aus dem Staub gemacht. Xaver hatte sich oft Gedanken über das marxistische Passepartout gemacht, mit Hilfe dessen seine Schwester die Welt vermaß. Und weil sie nun schon einmal den Schuhfimmel hatte, suchte sie sich aus der Weltliteratur sämtliche sichtbaren Schuhe heraus, all die oft besungenen und bis ins Detail beschriebenen Wanderstiefel und die unter den höfischen Roben hervorlugenden Seidenschühchen der Kurtisanen des 18. Jahrhunderts, die bürgerlichen Botten und die Militärstiefel, einen ganzen Zettelkasten hatte sie beisammen. Und nun versuchte sie herauszufinden, wie viel ein königlicher Schuster im Württembergischen pro Stunde verdiente, der seiner Herrschaft drei Paar erstklassige Lederstiefel angefertigt hatte, und warum das nicht ausreichte, seine sechs (überlebenden) Kinder auf die Lateinschule zu schicken. In dieser Art waren die Fragestellungen ihrer germanistischen Doktorarbeit. Da sie herrsch- und streitsüchtig war und es nicht ausstehen konnte, wenn man sich nicht für Schuhe im Klassenkampf interessierte, flogen auf Familientagen schon gleich nach der Begrüßung die Fetzen, und vor allem die mittlere, jetzt vor ihrer ersten Eheschließung stehende Schwester von Xaver bekam alle nur denkbare marxistische Boshaftigkeit zu spüren, weil sie sich weigerte, die durch ihre Hände gehenden Bilder nach Zeichen von Klassenkampf und Schuhwerk zu untersuchen. Sie wollte nicht darüber reden. Denn wenn jemand eine Ikonographie dieser beiden Merkmale hätte anlegen können, wäre es sie gewesen, von den feinen griechischen Sandalen bis zu den bäurischen Schaftstiefeln hatte sie alles vor Augen, was je einen Platz im Bild erreicht hatte.

Xaver, immer erregt, wenn er von seiner Familie erzählte, steigerte sich bei der Beschreibung seiner Schwestern in einen Rausch der Verdammung, der nur durch die ständige Betonung des Komischen, Bizarren und Verrückten erträglich gemacht wurde. Weil sie verrückt waren, hatten sie ein Geheimnis. Und um dieses Geheimnis zu ergründen, musste man sich in die Details vertiefen. Also fing er, wann immer er über die drei Schwestern sprach, damit an, ihre Gesichter zu beschreiben, das harte Kinn der einen und das rundere der anderen, den Augenschnitt und die Art ihres Laufens, wie sie sich die Nase putzten (und womit) und wie die Haare kämmten, welche Pullover sie bevorzugten und welche Röcke, welche Kleider und warum. Er konnte, wenn er sich erst einmal eingeredet hatte, stundenlang über die Schwestern erzählen, und man feuerte ihn oftmals an, nicht innezuhalten, weil am Ende dieser Erregungen wie das Amen in der Kirche ein Urteil folgte, das an Missgunst und Bösartigkeit kaum zu überbieten war. Seine Schwestern waren – die mittlere ausgenommen – Fleisch gewordene Dummheiten.

Diese negativen Zuschreibungen hatten mich auch davon abgehalten, ihn, wie er es vorgeschlagen hatte, zur Hochzeit seiner Schwester zu begleiten. Für mich existierten diese Frauen zunächst ja nur in seiner Erzählung, und die Vorstellung, ihnen mit meinem Vorwissen über sie gegenüberzutreten, war mir alles andere als angenehm. Manchmal war es mir ganz unmöglich, von den drei Frauen als den Schwestern von Xaver zu denken, wie es mir auch oft unmöglich war, die drei als Schwestern zu denken, und manchmal hatte ich sogar den Eindruck, er würde über seine Schwestern wie über seine Kinder reden. Natürlich waren sie alle drei ein Produkt des Nährbodens, aus dem auch Xaver hervorgegangen war, aber dass diese drei Frauen mit Xaver und den anderen Brüdern – von denen auffällig wenig die Rede war – zum Beispiel gespielt haben sollen, konnte ich mir kaum vorstellen. Allein die Leidenschaft, die sowohl Xaver als auch die beiden missratenen Schwestern auszeichnete, ließ eine einzige Familie vermuten, allerdings gehörte bei Xaver zu dieser Leidenschaft auch ihr Kippen in einen so trost- und ausweglosen Zustand, dass man immer hoffte, nur seine eigene Psyche sei solchen Belastungen unterworfen.

Aus guten Gründen gab mein Freund Xaver, der Schriftsteller, es auf, den Roman seiner Familie zu schreiben, und als er endlich so weit war, diese Niederlage zu akzeptieren, hatte er nicht nur jegliches Interesse an der Schriftstellerei, sondern auch an seiner Familie verloren.

Er wurde ein glücklicher Mensch, ein Schriftsteller, der nicht mehr schreiben musste.

*

Ab und zu holte ich den Schriftsteller vom Arzt ab, damit er nicht alleine nach Hause gehen musste. Er hatte mir einmal, auf der Straße bei strömendem Regen, erzählt, er würde sich nach der Behandlung manchmal bis zum Ende der Sprechstunde wieder ins Wartezimmer setzen, zwischen die äußerlich übel Zugerichteten oder innerlich bereits Verwüsteten – die in ihm natürlich einen Konkurrenten sähen –, weil er sich nicht getraute, allein auf die Straße zu treten. Nach diesen Spritzen, hatte er ausgerufen, sieht die Welt so anders aus, dass es lange braucht, sich zurechtzufinden. Es war ein Sommerregen gewesen, ein Guss, der in einen Dauerregen übergegangen war, und beim Überqueren der großen Straße, der Verkehrsader die den Vorort mit der Stadt verband, hatten uns die ihr Tempo trotz des Regens nicht drosselnden Autofahrer ganze Breitseiten Wasser über die Füße geschwappt, sodass wir klitschnass vor dem Haus des Schriftstellers angekommen waren. Auf der überdachten Terrasse hatten wir uns bis auf die Unterhosen ausgezogen, nicht mehr ganz junge Männer, die sich erst kürzlich kennengelernt hatten, und mehrere Flaschen Weißwein getrunken, und bei dieser Gelegenheit hatte mir Xaver, gar nicht nebenbei, sondern hochkonzentriert, einen Überblick über seine Krankheiten gegeben, „einen ersten Überblick, damit Ihnen nicht übel wird“. Wenn ich ihm glauben durfte, dann war ich einem Knochensack gegenübergesessen, einer ausgeweideten Hülle, und selbst die ihm noch verbliebenen Innereien waren bereits angezapft oder künstlich gestützt oder nur noch mit technischen Hilfsmitteln am Arbeiten gehalten, und um seine drastischen Schilderungen zu unterstreichen, wies Xaver auf breite Narben, die seinen Körper vom Hals bis zu den Lenden wie Flüsse überzogen, oder auf haarlose Partien auf seinen Schenkeln, wo man zu Transplantationszwecken Gewebe entnommen hatte. „Es gibt einen Moment", hatte Xaver gesagt, „wo die Krankheiten die Steuerung des Lebens übernehmen. Bis dahin orientiert sich jeder an einer Idee von Gesundheit – Essen, Bewegung, ausreichender Schlaf usw. –, alsdann übernimmt die Krankheit, und Sie haben alle Hände voll zu tun, ihr einigermaßen aufmerksam zu folgen. Denn wenn sich die Krankheit erst einmal ausgefächert hat und zu Krankheiten geworden ist, lässt sie sich nicht mehr verfolgen, einweisen, erledigen. Ihre Überfälle bringen Sie zur Verzweiflung. Ich habe zum Beispiel Arthrose im Oberschenkelbereich, was zu einem falschen Gehen und damit zu ungleichmäßiger Abnutzung der Beckenwirbel geführt hat, wodurch ein schmerzhaftes Ziehen in den Beinen ausgelöst wurde, das ich nur mit einer Überdosis von Schlaf- und Schmerzmitteln überlisten konnte, was wiederum meinen halben Magen – von dem restlichen Teil musste ich mich trennen – zerstört hat, et cetera. Gewiss gibt es Teillösungen. Und wenn Sie mich das nächste Mal besuchen, zeige ich Ihnen meine Medikamentensammlung. Aber es gibt keine große Lösung mehr. Die große Lösung", hatte er gesagt, „heißt Tod."

An jenem Nachmittag hatten wir verabredet, dass ich den Schriftsteller – der schon längst kein Schriftsteller mehr war, wenngleich ihn die Krankheiten dazu zwangen, wieder ein Erzähler zu werden – immer dann vom Arzt abholen sollte, wenn ihm eine der großen Spritzen verabreicht wurde. Wir gingen dann auf weiten Umwegen durch den Englischen Garten nach Hause, setzten uns gelegentlich auf eine Bank oder wir ließen uns im Gras nieder, manchmal spazierten wir bis zum „Aumeister" und tranken unter den Kastanien ein Bier, und fortwährend berichtete der Schriftsteller vom Stand der Krankheiten, von der Blase, die nun zu spucken beginne, vom bedenklichen Zustand der Galle, der einen Eingriff immer wahrscheinlicher werden ließ, von Durchblutungsstörungen in den Armen und der vollständigen Taubheit der linken Zehen, von Sehstörungen und Rückenschmerzen, Schwindelanfällen und unvorstellbaren Schmerzen im Unterkiefer, von Durchfallattacken und Herzrhythmusstörungen.

„Warum gibt es keine Zeitschriften für Krankheiten?", hatte Xaver gefragt, „Meine Krankheit und ich", „Alle meine Krankheiten"? Eine Antwort wurde nicht erwartet – Gott sei Dank, denn eine lange Rede des Schriftstellers war so mit Fragen gespickt, dass unsere Unterhaltung in einen Dialog ausgeufert wäre. So aber sprach nur der Schriftsteller, ich dagegen beschränkte mich auf wenige Worte. Und wenn der unfähige Körper einmal besprochen war, sprach der Schriftsteller noch kurz über seine früheren Erfolge. Angeblich war die ganze Welt ihm zu Füßen gelegen, in Deutschland jedenfalls kannte ihn jedes Schulkind, das Foto, das an seinem vierzigsten Geburtstag aufgenommen wurde, war eine Ikone geworden. „Eine Ikone!", sagte Xaver, wie wir auf der Bank im Englischen Garten saßen und in ein grünes Dickicht vor uns starrten, „es gab Zeiten, da konnte ich nicht bei Grün über die Straße gehen, weil ich auf dem Zebrastreifen um ein Autogramm gebeten wurde, es war herrlich und schrecklich zugleich, ein angenehmer Alptraum", brummte er, während die Sonne hinter einer Reihe von Birken unterzugehen drohte, einer Versammlung beschämter Bäume, „Birken sind die Bäume der Scham", sagte er, ohne zu erklären warum, und irgendwie stimmte es auch.

*

Anfang Juni, an einem dieser triumphalen Tage, die man im Kalender vermerkt, kam der Schriftsteller, der nicht mehr schreiben musste, auf meinen Balkon, um mit mir die Sommerreise zu besprechen. Seine schottische Schwester hatte für die ganze Familie ein Anwesen auf einer griechischen Insel gemietet, wo die Dudelsäcke ausspannen wollten. Keine Musik! Keine sozialen Verpflichtungen! Kein Redezwang! Da es in den Jahren zuvor nie zu der in allen Einzelheiten geplanten Sommerreise gekommen war und Xaver in den letzten Wochen eine gewisse Stabilität hinsichtlich seiner Krankheiten gezeigt hatte, konnte ich zwischen zwei Möglichkeiten wählen: Entweder würde die Unternehmung wie üblich in letzter Sekunde abgesagt, dann würde ich den Sommer über auf meinem Balkon die Übersetzung des englischen Romans zu Ende bringen, von der ich lebte, oder aber, wenn es diesmal tatsächlich klappen würde, ich müsste sechs Wochen unterbrechen und den Herbst über wie ein Einsiedel schuften. Ich beobachtete einen winzigen Vogel, der, wie ich es einmal gelesen und nie vergessen habe, die klare Luft der Frühe mit den Schnörkeln seiner Lieder verzierte, und sagte zu. Die Vorstellung, von den viktorianischen Herrschaften, von ihren Tea-Partys, Kuchen-Wettbewerben und Pferderennen, von den erotischen Anziehungskräften und langweiligen Geständnissen, die ich Wort für Wort übersetzen musste, für eine Weile Abschied nehmen zu dürfen, war zu verlockend. Es war eine Welt mit vielen ausgeklügelten Verbrechen und Verwicklungen, aber ohne Überraschungen. Jeder Satz, der in den von Efeu überwucherten Häusern fiel, war vorhersehbar, und sogar die Mäuse, die in dem dunklen Efeu nur darauf warteten, dass jemand die Fenster öffnete, damit sie ungehindert hineinschlüpfen konnten, hatten ihren genau berechneten Auftritt, denn der Schrei des Entsetzens, den die junge, in einen verheirateten Landedelmann verliebte Dame beim Anblick der Mäuse ausstößt und der von einem Stallknecht gehört wird, war natürlich ein Beweis dafür, dass sie um diese Zeit im Haus war und nicht in den Armen des Edelmanns, der im Gebäude nebenan schmachtend auf sie wartete, wenn er nicht mit der Planung des perfekten Verbrechens beschäftigt war, das der Beseitigung seiner Ehefrau galt.

Der Vogel, der die Luft der Frühe mit den Schnörkeln seiner Lieder verzierte, war immer noch beschäftigt, als Xaver mich verließ, um mit den Vorbereitungen zur Reise zu beginnen. Ich wusste, was es mit den Vorbereitungen auf sich hatte. Xaver war es nicht möglich, die Sammlung seiner Notizbücher, mittlerweile eine Bibliothek von Heften, Kladden, Ringbüchern und Schreibblocks, auch nur einen Tag lang unbeaufsichtigt zu lassen. Wie ein Herdenhund, der seine Schafe zusammenhält, schlich er, seit er nicht mehr an seinem Roman schrieb, um sein Aufzeichnungsmassiv herum, von dem er in seiner komischen, zur Übertreibung neigenden Sprache behauptete, es würde eines Tages, welchen er vorbereiten, aber nicht mehr erleben dürfe, die Bestände der Bibliotheken überflüssig machen. Wie genau das vonstatten gehen sollte, verriet er mir natürlich nicht. „Warten Sie's ab", rief er mir fröhlich zu, wenn dieser Ausdruck bei seinem traurigen Schafsgesicht mit den immer feuchten Augen gerechtfertigt war, „eines Tages geht die Bombe hoch." Xavers Alter war so unbestimmbar wie seine Herkunft, aber wenn man einen Blick auf die stolze Reihe seiner mit winziger Schrift vollgeschriebenen Notizbücher warf, musste er seit Jahrzehnten daran gearbeitet haben. Manchmal erwähnte er den einen oder anderen Philosophen, bei dem er studiert hatte, was darauf hinwies, dass er auf ein langes, in vielen Städten absolviertes Studium zurückblicken konnte. Eine kleine Erbschaft hatte es ihm offenbar gestattet, das Leben eines Privatgelehrten zu führen, und der Versuch, den Roman seiner drei Schwestern zu schreiben, sollte ihn lediglich auf eine höhere Stufe der Anerkennung führen. Er hatte tatsächlich nichts veröffentlicht, keinen Aufsatz, keine Rezension, keine noch so kleine Glosse, nichts, was die Bezeichnung Schriftsteller gerechtfertigt hätte. Seine Eltern, die im Badischen lebten, versorgten ihn gelegentlich mit frischer Wäsche und zum Geburtstag mit neuen Notizbüchern und wollten mit dem Sterben, wie er mir einmal verriet, so lange warten, bis das von ihnen geliebte Kind seine öffentliche Anerkennung erleben würde.

Alle unsere geplanten Reisen waren am Ende geplatzt, weil es unmöglich gewesen war, seine handschriftliche Bibliothek reisefähig zu verpacken, selbst wenn ich mich erbot, einige Stücke in meinem stets leichten Gepäck unterzubringen. Ich stellte mich also darauf ein, den Sommer über das Lied des Vogels zu üben.

*

Am 14. Juli, dem französischen Nationalfeiertag – einem „Tag der Schande“, so Xaver –, kamen wir auf der Insel an, nachdem wir die Komödie der Aufgabe unseres übergewichtigen Gepäcks trotz aller Scherereien überstanden hatten.

Man hatte uns in dem alten, großen, heruntergekommenen Haus, dem größten Haus des Dorfes, zwei nebeneinanderliegende Zimmer im ersten Stock zugewiesen, unter dem Dach, in denen eine atemberaubende Stickigkeit herrschte. Aber es gab neben dem Bett und dem Schrank einen soliden Tisch, an dem ich, wenn mir danach war, arbeiten konnte, denn ich hatte, in einem plötzlichen Entschluss, doch noch meine Übersetzung und ein paar Lexika mitgenommen. Während Xaver im Nebenzimmer seine

Bibliothek auspackte, versuchte ich, bei mir die Fliegen, Mücken und Käfer zu vernichten, die sich auf einen stillen Sommer eingerichtet hatten. Mit dem Handtuch schlug ich wie behext alles tot, was sich bewegte, bis die Wände sommersprossig aussahen und der Boden unter meinen Füßen wie lebendig wirkte. Vor dem Fenster stand eine zerfledderte Tamariske, in deren armseligen Ästen honigfarbene Vögel arbeiteten, und in der Ferne sah man das grüne, schwappende Meer.

Bevor ich mit Xaver in das einzige Restaurant des Dorfes gehen wollte, musste ich einmal ans Meer, um die Hand ins Wasser zu halten. In der Nacht zuvor hatte sich ein gewaltiges Gewitter über der Insel entladen, sodass ich kaum den steilen Weg zum Strand hinunterkam. Die Esel schienen sich über den Regen zu freuen, der in der Senke hinter dem Sandwall einen kleinen See gebildet hatte, ihre sonst trübsinnigen Gesichter mit den verschleierten uralten Augen sahen frisch und unternehmungslustig aus. Die wenigen Stunden, in denen sie nicht im Nachbarort Touristen auf die Akropolis zu bringen hatten, wollten sie ausnützen. Einer der Esel hatte sich in die dunkle Pfütze gelegt und schrie seine Freude zwischen den braunen Stummelzähnen so laut heraus, dass bald alle anderen einfielen und ein ohrenbetäubendes Schreikonzert veranstalteten, das die Dudelsäcke im Leben nicht hingekriegt hätten. Dieser erbarmungswürdige Freudenschrei, ein ekstatischer Augenblick von erhabener Größe, hatte mich so stark in seinen Bann geschlagen, dass ich zu keiner Bewegung fähig war. Der ganze Wahnsinn unserer Existenz, die zum Himmel schreiende Zufälligkeit, dass ich, ausgerechnet an diesem 14. Juli, Zeuge werden durfte eines animalischen Regenrituals, das stärker und eindringlicher war als alle die Ekstase nur dürftig beschreibenden Romane, die ich in meinem Leben gelesen und zum Teil von einer lahmen Sprache in meine übersetzt hatte, hieß mich zitternd in die Hocke gehen, und es hatte nicht viel gefehlt und ich hätte mich zu den Eseln gelegt, um ein Mal, ein einziges Mal in meinem Leben, ein so gewaltiges, eruptives Gefühl des völligen Ausgeliefertseins zu erfahren. Ich war, ohne es zu wollen, in den Schlund einer Erfahrung gezogen worden, die alle meine Erfahrungen, an die ich mich erinnern konnte, die mich ausmachten, in den Schatten stellte. Ich starrte auf die hellere Bauchseite des sich herumwälzenden Tieres, dem der nasse Sand in Schlieren von seinem aufgeblähten Körper tropfte, auf sein schwarzes, wie ein Okular ausgefahrenes Geschlecht, auf die im Verhältnis zum Körper zierlichen Hufe und auf die pelzigen Ohren, die das Restwasser aus der nun fast leeren Pfütze schlugen.

Wie nach einem geheimen Plan war plötzlich alles vorbei, dem Gott der Esel – ich erinnerte mich an das Sgraffito in den Katakomben von Rom, das Christus mit dem Kopf eines Esels zeigte – war gehuldigt worden, und mit einer unsäglichen Mühe, als hinge die Alltagsschwere in ihrem grauen Fell, kamen die Tiere wieder auf die Beine und glotzten in der alten Wiese vor sich hin, bewegungslos, tief traurig, dreckig und vom Leben erschöpft. Für ein paar Minuten hatten sie gezeigt, was auch in ihnen steckt, jetzt waren sie wieder zu billigen Lasttieren geworden.

Am Meer traf ich auf zwei Menschen, die mich um Hilfe baten. Der eine war ein Fischer, den ich schon kannte, weil er uns beim Entladen des Taxis geholfen hatte. Xaver hatte buchstäblich keinen Finger gerührt, weder als es um die Entlohnung des Taxifahrers ging, die ich erledigen durfte, noch als die schrankgroßen Koffer mit seiner Bibliothek in den oberen Stock transportiert werden mussten. Er hatte nur „Vorsicht!“ gerufen, als der Fischer ohne erkennbare

Mühe sich die Ungetüme auf den Rücken geladen hatte. Der andere war ein italienischer Maler, Piero, allerdings kein della Francesca, sondern einer, der sich ausschließlich mit der malerischen Erfassung des Meeres beschäftigte. Xavers schottische Schwester hatte mir, als ich sein schönes Haus mit angebautem Studio bewunderte, hinter vorgehaltener Hand zugeflüstert, dass er nicht alle Tassen im Schrank habe, und als ich stutzte, weil ich eine solche Wendung aus ihrem Mund nicht erwartet hatte, erzählte sie mir die Geschichte von seiner Frau, einer großen blonden Florentinerin, der ein Verhältnis mit einem der Fischer nachgesagt wurde und die wenige Tage nach dem Aufkommen des Gerüchts tot aus dem Meer geborgen worden war. Natürlich geriet Piero, der eifersüchtige Italiener, unter Verdacht, aber nach zwei Tagen in der Stadt war er wieder in seinem Haus und malte.

Die beiden baten mich, das vollgelaufene Boot umzudrehen. Piero hatte hundert Meter vor der Küste Netze gespannt, um Tintenfische zu fangen, und in einem der Netze war auch seine Frau gelandet. Das Meer war seit Jahren leergefischt, im Restaurant wurden den Touristen tiefgekühlte Fische aus Finnland serviert, nur wer ein gutes Verhältnis zu den Fischern hatte, durfte für viel Geld die kleinen roten Barbunya essen, deren Haut auf dem Grill durchsichtig wurde und im Mund splitterte, und gelegentlich einen Oktopus.

Piero war reich, das war es, was man im Dorf über ihn zu hören bekam. Seine Wasserstudien, aus vielen abgestuften Farbfeldern aufgebaute Bilder, waren gerade sehr erfolgreich in einer großen Retrospektive in Amerika gezeigt worden, jetzt machte er sich Sorgen, dass die weltweiten Demonstrationen gegen den Kapitalismus eine kunstfeindliche Stimmung in der westlichen Welt hervorrufen könnten. Wir saßen auf seinem umgedrehten Boot und schauten über das Meer, in dem jetzt, wie zum Zeichen, die Sonne versank. Außer dem leisen Klirren der Wellen, die vorsichtig über die Kiesel rutschten, war nichts zu hören, nicht einmal die Möwen waren zum Geschrei aufgelegt.

Piero musste annehmen, dass ich seine Arbeiten kannte, denn er sprach zu mir wie zu einem Fachmann über die hundert verschiedenen Blaus, die er in seinem Leben gemischt hatte und die nur die Spitze des Eisbergs waren, denn natürlich gab es noch viel mehr Blau, und ich hatte den Eindruck, dass er nicht so sehr Maler als Wissenschaftler war, dem, wenn er Glück hatte, das absolute Blau gelingen würde, das sich aus dem Meer der Farben erheben würde, aber nicht in der stupiden Eindeutigkeit wie bei Yves Klein, den er als Jongleur bezeichnete, einen fidelen Jongleur, das immerhin. Er wollte das Blau ohne Bedeutung finden, das natürlich nicht rein war, das sich nur einmal im Leben offenbaren würde, und wenn man nicht aufpasste, nicht, wie er wörtlich sagte, das Fenster offen hielt, um es reinzulassen, würde man sein ganzes Leben umsonst gemalt haben.

Von der Sonne war jetzt nur noch eine winzige Erhebung zu sehen, und von diesem Sonnenrest fiel, wie ein schmaler Steg, ein Licht übers Wasser, und in die Stille hinein sagte Piero, als müsste er mir eine lebenswichtige Mitteilung machen, er komme jeden Abend um die Zeit ans Meer, weil nur in dieser Sekunde des Erlöschens der Sonne die Möglichkeit bestehe, dass seine Frau auf diesem Steg, der jetzt wie durch Zauber verschwand, zu ihm zurückkommen könne. Ich hätte mich nicht gewundert, wenn dieser kleine drahtige Mann, der eben noch von seinen Erfolgen in New York und Paris und sogar in Mailand berichtet hatte, mit seinen amerikanischen, geblümten Shorts und dem eleganten, bis zum Nabel aufgeknöpften Hemd ins Meer gelaufen wäre, auf Nimmerwiedersehen. Aber er hatte offenbar nicht einmal mehr Interesse an seinen Netzen.

Am Abend trafen sich alle Fremden auf der Terrasse des Gasthauses im Dorf, auch Xaver saß schon an einem der gescheuerten Tische und verfütterte seinen aufgetauten Fisch an eine nicht besonders vorbildliche Katze, die auf dem für uns freigehaltenen Stuhl saß und immerfort das Maul aufsperrte wie ein Vogel. „Endlich“, rief er, „die Fraktion der Schriftgelehrten ist so klein, dass wir jede Stimme brauchen!“ Ich zwängte mich zwischen ihn und seine schottische Schwester und hatte die ganze Zeit das ununterbrochen zischende Gitter der Insektenverbrennungsanlage vor Augen, während um mich herum über Rassenunruhen, Herzverpflanzungen und die Hungersnot in Biafra gesprochen wurde. Und an den Beinen spürte ich die beleidigte Katze, die mich daran erinnern wollte, wem das Lammkotelett, das mir mit lustloser Geste vor die Nase gestellt worden war, eigentlich gehöre. Ich schnitt ein großes Stück ab und warf es einfach unter den Tisch, wo plötzlich ein wütendes Gezänk vieler Katzen einsetzte, das den ganzen Abend über anhielt.

Uns gegenüber saß ein französisches Ehepaar; er ein langer, dünner Kerl mit abstehenden Ohren, sie eine bleiche Schönheit in einem Leinenkleid und mit einer Blüte hinter dem rechten Ohr, die auch während des Essens ihre Leidenschaft fürs Rauchen nicht zu zügeln wusste und bis zu drei Zigaretten gleichzeitig in Gebrauch hatte. Sie zündete sich eine Gitanes an, inhalierte, legte sie auf der zernarbten Tischplatte ab und vergaß sie. Wenn sie verträumt dem Rauch ihrer jeweils neu angezündeten Zigarette hinterherblickte, goss ich heimlich ein paar Tropfen meines Ouzo auf die abgelegten Glimmstängel, was einerseits einen Brand verhinderte, andererseits eine Schweinerei verursachte, die alle halben Stunden von der stämmigen griechischen Serviererin beseitigt werden musste. Der Franzose war dabei, Xaver nach den ihm bekannten französischen Philosophen zu fragen, wartete die Antwort aber nicht ab und begann seinerseits alle französischen Philosophen aufzusagen, die man seiner Meinung nach gelesen haben musste. „Alle Wetter", hörte ich Xaver sagen, von dem ich ja wusste, dass er sie alle gelesen hatte, oder wusste, warum er sie nie lesen wollte, aber er verzog keine Miene. Das Licht aus der Küche ließ die Ohren des französischen Philosophen, der sich bescheiden an das Ende der langen Reihe seines heimischen Nachdenkens gestellt hatte, rot aufleuchten, und ich war so versunken in diesen Anblick, dass ich zu spät bemerkte, wie die schöne bleiche Frau des Franzosen vom Sitz glitt und mit einem Röcheln bei den Katzen landete. Die Aufregung, die durch die Wiederbelebung der betrunkenen bleichen Frau entstand, nutzte ich, um mich still zu verdrücken, denn das Dorf wartete auf mich, das Dorf mit seinen süßlich riechenden Feigenbäumen und den vom Fernsehen blauen Scheiben, hinter denen Männer im Unterhemd am Tisch saßen und schwarz gekleidete Frauen am Herd, das Dorf mit den streunenden Hunden und den blitzschnell sich entfernenden Katzen, deren Augen in der Dunkelheit kurz aufleuchteten, das Dorf mit der nicht besonders anziehenden griechischen Musik und dem Geruch nach verbranntem Öl und den gelegentlich zu hörenden Rufen der Nachtvögel. Ich setzte mich am Parkplatz auf eine zerbröckelnde Mauer und starrte in den Himmel, und als ich zehn Sternschnuppen gezählt hatte und nicht mehr wusste, was ich mir noch wünschen sollte, ließ ich mich an der Mauer auf die Erde gleiten, legte den Kopf auf meine Knie und schlief ein.

Ich ging auf einer schnurgeraden, von Pappeln gesäumten Straße, es war ein schöner Tag. Ich zog einen Handkarren hinter mir her, vollgepackt mit Gemüse, obenauf Lauch, der über den Rand wippte und hinunterzufallen drohte. „Das ist mein Werk", sagte ich vor mich hin, „dieser Wagen mit Gemüse ist mein Werk, ich werde ihn bis ans Ende der Straße hinter mir herziehen." Von diesem gerade noch sichtbaren Ende aus bewegte sich ein winziger Punkt auf mich zu, der sich blitzschnell in einen Hund verwandelte und nun hechelnd vor mir stand. Er sprang auf den Handkarren und begann hektisch in dem Gemüse zu wühlen, das Stück für Stück auf der Straße landete, der Kohl und der Lauch, die Mohrrüben und der Blumenkohl, es bildete einen farbigen Kranz um den Wagen, in dem nur noch ein paar Salatblätter lagen. Da der Hund offenbar nicht gefunden hatte, was er suchte, sprang er mir mit einem Satz auf den Rücken, sodass ich strauchelte und fiel, und biss mir, auf mir liegend, mehrere Male in den Hals, während er meinen Kopf mit der rechten Pfote auf das Kopfsteinpflaster drückte. Ich sah, wie er zubiss, sah seine blutverschmierten Zähne und spürte das kochend heiße Blut aus meinem Hals strömen.

Ich wurde in meinen Träumen von Zeit zu Zeit daran erinnert, dass ich noch am Leben war, wenn auch selten so drastisch. Vor mir, in dem schmalen Streifen zwischen den parkenden Autos und der Mauer, lag ein gelber Hund, der von meinem Angstschrei scheinbar ebenfalls aufgeweckt worden war, er schüttelte sich und kam mühsam wie ein alter Mann auf die Beine, schaute verdrießlich die an die Mauer gelehnte Gestalt an und trollte sich. Ich wusste nicht mehr, warum ich hier war, und war mir auch nicht sicher, wer ich war, deshalb versuchte ich, den Hund zurückzurufen, aber auch er schien sich nicht mehr an mich zu erinnern oder erinnern zu wollen, er drehte sich nicht einmal um und war bald zwischen den Autos verschwunden.

Ich ging zurück zu unserem Haus, vorsichtig wie einer, der nicht erkannt werden möchte. Etwas war in mir zersprungen, seit ich die blutigen Lefzen des hechelnden Hundes gesehen hatte, seine Reißzähne und die zuckende Zunge, die mehrmals über die offene Wunde an meinem Hals geschlappt war. Ich wollte so schnell wie möglich weg von dieser Insel, von dieser Gesellschaft, mit der ich, das war mir jetzt beim nächtlichen Gang durch das Dorf klar, nichts zu tun hatte und nichts zu tun haben wollte, nichts mit dem französischen Philosophen und nichts mit Piero, den schottischen Musikern und Xavers Schwester, ja, auch der Gedanke an Xaver und wie er sofort mit allen Umgang hatte und seine Weisheiten verstreute, machte mich nicht froh. Der einzige Mensch, der mich an diesem langen Tag gefesselt hatte, war die bleiche Frau des Philosophen, die sich mit einem Schwupp der Gesellschaft entzogen hatte. Gerade, als ich an sie dachte, kam ich an einem Haus vorbei, in dem noch Licht brannte, und als ich ganz schamlos, wie einer, dem nichts mehr passieren kann, weil alles Unglück sich bereits in ihm versammelt hat, in das Fenster schaute, sah ich den französischen Philosophen, entkleidet bis auf die Unterhose, vor einem Bett knien, in dem die bleiche Frau wie eine Tote lag. Ein dünnes Laken bedeckte ihren Körper, hochgezogen bis zum Hals, die spitze Nase reckte sich in die Luft. Über dem Laken lag der Schatten des Mannes und zitterte leicht, während der Mann selber ganz unbeweglich schien, ein schönes Bild.

In der Küche unseres Hauses war noch viel los, alle saßen um den großen Küchentisch herum, Flaschen und Gläser vor sich, zerrupftes Weißbrot und dicke Käsebrocken, alle redeten in vier Sprachen wild durcheinander, weil keiner zuhören wollte. Ein neuer Gast war eingetroffen, ein Engländer, der aus dem Himalaya kam und nun seine hinduistischen Sprüche an den Mann bringen wollte, „das Selbst existiert nicht", rief er, „es ist nur eine Maske des westlichen Menschen, der eine Begründung braucht zur Rechtfertigung." „Which justification", höre ich Xaver schreien, und gleich noch einmal, weil's so schön war: „Which justification?" Xaver lag schon auf der Lauer, gleich würde er dem englischen Einfaltspinsel zeigen, was er an westlicher Philosophie draufhat. Er wartet noch ab, will noch etwas hören, um dann richtig zuschlagen zu können. Das Selbst soll also eine Illusion sein, so wollte er anfangen, aber der Engländer hatte schon abgedreht, das Leben unter Menschen ist eine fortwährende Ablenkung, da war nichts zu machen.

Ich stand an der Spüle und trank Wasser. An dem Glas hatte sich ein kleiner grüner Käfer festgesaugt. Hoffentlich versteht er nichts, dachte ich, dann ging ich zu Bett.

*

Am Morgen hatte sich das Meer vollständig beruhigt, es schien zu schlafen. Wenn man es lange beobachtete, konnte man sehen, wie es vorsichtig atmete, als müsste es sich beherrschen. Ich ging sehr langsam, wie auf Zehenspitzen, ins Wasser, und als es mir bis zu den Hüften reichte, ließ ich mich hineingleiten. Ich versuchte krampfhaft, an etwas zu denken, das nichts mit Wasser zu tun hatte. Also dachte ich an Xaver, den Schriftsteller, der nicht mehr schreiben musste und nicht mehr schreiben wollte, und an seine drei Schwestern, besonders die mittlere, die alle Bilder im Kopf hatte, weil sie nicht vergessen konnte.

Die Sonne stand hoch. Sie wurde nur gelegentlich von Wolken verdeckt, die ihre Schatten über die Meeresoberfläche wandern ließen, ja, wandern, das ist der richtige Ausdruck. Als ich mich in die Rückenlage drehte, um auszuruhen, war die Insel verschwunden. Endlich, rief ich in den unendlichen Himmel, bist du auf der sicheren Seite.

Post

Ich erhalte seit einiger Zeit Briefe, die, wenn sie weiterhin eintreffen, einen anderen Menschen aus mir machen werden. Die Umschläge weisen mich als Adressaten aus, mein Name und meine Anschrift sind korrekt geschrieben, meistens in einer Handschrift, die so aussieht, als hätte sich jemand mit schlechtem Charakter Mühe gegeben, meine Handschrift zu imitieren. In den letzten Jahren habe ich mir angewöhnt, eine gewisse kalligraphische Note in meiner Schrift auffällig werden zu lassen, indem ich zum Beispiel dem kleinen f einen so langen Auslauf nach unten verpasse, dass man nicht mehr von Unterlänge sprechen kann. Eigentlich hat jeder Buchstabe im Laufe der Zeit eine ganz eigene Modellierung erhalten, die sich aber stets weiterentwickelt, sodass ich, bei vergleichender Analyse, herausfinden könnte, wann der Briefschreiber sich meiner Person (und meines Schreibstils) angenommen hat. Aber was wäre damit gewonnen?

Es beginnt damit, dass die Briefe selber nicht an mich gerichtet sind, sondern an inzwischen sieben Personen männlichen Geschlechts, die auf folgende Namen hören: Franz, Gerhard, Otto, Wilhelm, Martin, Dieter und Johannes. Jeder Mensch in dem Teil der Welt, in dem ich und der Briefschreiber leben, kennt Männer, die auf diese Vornamen hören, doch keiner meiner engeren Freunde und Verwandten muss sich mit dem Schicksal abfinden, mit einem dieser Allerweltsnamen durchs Leben zu gehen. Lieber Franz – ich habe neunzehn Briefe, die mit dieser Anrede beginnen. Natürlich frage ich mich bei der Lektüre der Briefe, ob der mitgeteilte Inhalt die Wahl des

Vornamens bestimmt, ob es also spezifische Dieter-Briefe gibt, die sich wesentlich von den Otto-Briefen unterscheiden?

Will der Briefschreiber mir zu verstehen geben, dass ich, wie alle anderen Menschen auch, aus vielen Eigenschaften und Identitäten bestehe, die aber alle über einen spießigen Leisten zu schlagen sind? Ich weiß es nicht.

Meine Freunde haben mir geraten, Briefe, die an mich gerichtet sind, zu öffnen, sie aber nicht zu lesen, wenn in der Anrede ein anderer Name als meiner genannt wird. Das ist sicher gut gemeint, in der Praxis aber nicht durchführbar. Denn die Briefe, die in den an mich gerichteten Briefumschlägen stecken, berichten ja ausschließlich über mich, und zwar mit solcher Detailverliebtheit und so extrem genauen Kenntnissen meiner Person und meiner Tätigkeiten, Ansichten und Überzeugungen, dass ich gar nicht anders kann, als sie fieberhaft zu lesen, um auf der letzten Seite meinen Namen zu suchen, weil keiner, keine Ehefrau und kein Psychiater, kein Sportsfreund und kein Kollege, so viel über mich wissen kann, außer mir selbst. Aber keiner der Briefe ist unterschrieben, weder von mir noch von einem anderen. Dennoch muss ich mich damit abfinden, dass nur ich der Briefschreiber sein kann.

Meine sechs Kinder

Oft und aufmerksam haben wir unsere Kinder beobachtet. Es gab Momente, wo sie uns nahestanden, und andere, da wir sie lange anschauen mussten, um uns Klarheit zu verschaffen. Gelegentlich überließen wir uns der pedantischen Tatsache, dass auch wir von Eltern abstammen, die ihrerseits in unseren Kindern anwesend waren, obgleich meine Frau immer weniger davon wissen wollte. Wachsende Panik, Heimlichkeiten, Sendungsbewusstsein: All das ging auf mein Konto, weil ihre Familie seit Generationen angeblich frei davon war. So haben wir unsere Kinder aufwachsen sehen, ohne sie, strenggenommen, kennenlernen zu dürfen. Die Kinder haben es uns lange gedankt. Sie nahmen an unserem Leben teil, ohne es wirklich zu stören.

Seit einiger Zeit gehen Veränderungen vor, die Anlass zur Sorge geben. Meine sechs Kinder, das ist das erschütternde Ergebnis meiner gewissenhaften Beobachtung der letzten Monate, bewegen sich in Richtungen, die uns fremd sind. Alle sechs, sowohl die einsilbigen Buben (Fritz, Franz und Max) als auch die zweisilbigen Mädchen (Anna, Hanna und Ulla), haben mir mehr oder weniger unverblümt mitgeteilt, ihr weiteres Leben ohne das auskommen zu wollen, was meine Frau und ich unter Kultur verstehen. Zunächst war ich geneigt, dies für eine Marotte zu halten, für eine verständliche Reaktion gegen das von Kultur durchtränkte Elternhaus, in dem die Bibliothek und der Flügel die zentralen Bezugspunkte bilden. Aber als schließlich auch Max, unser Jüngster, der eine Lehre als Verlagsbuchhändler erfolgreich abgeschlossen hat, statt des Feuilletons nur noch den Wirtschaftsteil studierte und offen bekannte, ihn interessiere an Büchern nicht mehr ihr ästhetischer Wert, sondern ausschließlich der Marktanteil und die Marktdurchdringung, die man mit Bücher erreichen könne, seit er nur noch von flächendeckenden Maßnahmen spricht, wenn es um die Verbreitung von schöner Literatur geht, habe ich auch ihn aufgegeben. Bei Anna waren die Zeichen am frühesten zu erkennen. Sie war eine enthusiastische Verehrerin des sogenannten Tanztheaters. Wie oft hatte sie die Schule geschwänzt, um per Anhalter nach Wien oder Wuppertal oder Essen zu fahren, wo die neuesten Produktionen des Tanztheaters zur Aufführung kamen, wie oft hatte sie das Tanztheater gegen das sogenannte normale Theater verteidigt, das wir uns anzuschauen pflegten, von Hamlet bis Horvath. Höhnisch hatte sie gelacht, wenn ihre Schwester Hanna beim Frühstück über den neuen „Tasso“ schwärmte, den wir, meine Frau und ich, bereits in der Pause verlassen hatten. Und Hanna, die mit Anna ein Zimmer teilte, beschwor uns, sie mit Ulla wohnen zu lassen, da ihr das Gerede über das Tanztheater den letzten Nerv raube, während Anna, glücklich über den Platzgewinn, begann, gleich nach der Schule die plumpen Figuren des sogenannten Tanztheaters nachzuahmen, was zu schweren Störungen des Hausfriedens führte. Aber seit einigen Monaten hat das geradezu frenetische Interesse am Tanztheater nachgelassen, und seit der Aufnahme ihres Studiums der Betriebswirtschaft und des Kulturmanagements wird vom Tanztheater nur noch in der Vergangenheit gesprochen. Meine Frau ist der Ansicht, dass wir davon ausgehen dürfen, dass die Liebe zum Tanztheater bei unserer Tochter vollkommen verglüht ist. Zunächst war ich glücklich über diese Nachricht, weil das ständige Zucken, das Auf-die-Erde-Werfen, das unkontrollierte Schreien, selbst unter Fremden in der U-Bahn zum Beispiel, bei mir die Befürchtung aufkommen ließ, unsere Anna könnte sich ganz und gar diesem seltsamen Zwitter überantworten, aber wenn ich jetzt mit ansehen muss, wie sie still und stumm in einem modischen Kostüm über ihren Business-Plänen brütet, die sie für das Studium des Kulturmanagements aufzustellen hat, dann wünsche ich mir doch die wilden Zeiten zurück. Auf jeden Fall kommt sie heute ganz ohne Kultur aus und hat mir zu meiner Beruhigung auch versichert, dass der Kulturmanager an sich es als eine Beeinträchtigung seiner empfindet, direkt mit Kultur in Berührung zu kommen. In dieser Hinsicht weiß sie sich mit Max einig. Beide schmieden gelegentlich den schönen Plan, eines Tages eine Kulturprojektmanagementagentur aufzumachen, die sie im dritten Jahr an die Börse bringen wollen, um den Rest ihrer Tage auf einer Insel im Mittelmeer verleben zu können. Dreihundert Dichter nach Erfurt. Ein Chorwettbewerb in Sulzbach. Die Körper/Kultur-Biennale in Tübingen. Meiner Frau, die mit dem alten Kulturbegriff fest verwachsen ist, flößt dieses Reden Angst ein. Warum denn auf eine Insel?, fragte sie mich kürzlich, warum wollen sie das Festland verlassen?

Auch Hannas Liebe zum Theater hat sich plötzlich verflüchtigt. Eben noch bestand die Welt nur aus Tasso, Hamlet, Richard und Lear, aus großen Gefühlen und Pathos und Sprechkultur, aus Moral und Illusion, Auftritt und Abtritt, Lichtregie und Repräsentationsvermeidung, dass meine arme Frau schon der Verdacht befiel, ihre Tochter könnte Schauspielerin werden. Wie sie das Zimmer betrat! Wie sie über ihren Schminksachen kicherte, als sei sie Becketts Winnie, wie sie ihren Teller zurückschob und sich die Haare aus der Stirn strich, all das deutete darauf hin, dass wir sie eines Tages auf der Bühne hätten bewundern müssen. Vielleicht sogar nackt, murmelte meine Frau, eine nackte Desdemona! Wahrscheinlich hätten wir nach meiner Pensionierung in eine andere Stadt ziehen müssen. Aber seit einigen Monaten ist das Theater tot, keine Innovationskraft mehr, wie Hanna sich ausdrückt. Sie möchte jetzt Coach werden, da käme ihr Theaterwissen noch zum Einsatz, ohne dass sie an das Theater, an die tote Kunst erinnert würde. Wie man auftritt, wie man sich verkauft, wie man Eindruck macht, wie man eine Rolle spielt, überzeugend. Sie wird jetzt Personalmanagement studieren, ein Fach mit Zukunft. Obwohl meine Frau sich noch immer nicht recht vorstellen kann, was genau Hanna als Coach tun wird, ist sie doch beruhigt. Auf jeden Fall wird ihre Tochter bei der Arbeit angezogen bleiben.

Ulla, unsere jüngste Tochter, war immer das Sorgenkind in der Familie. Sie war introvertiert, sprach wenig, aß wenig, schlief wenig, trank aber viel. Auch die Zigaretten sagten ihr zu. Und sie zeichnete. Die Schule bedeutete ihr nichts. Stunden um Stunden saß sie an ihren Zeichnungen. Der Surrealismus zog sie an, das erotisch Verschlungene, aber immer traumhaft exakt dargestellt. In manchen ihrer kolorierten Arbeiten wollte meine Frau eine geschlechtliche Vereinigung gesehen haben, eine Penetration, jedoch gewissermaßen auf den Kopf gestellt, aber je länger wir die Blätter anschauten, desto unsicherer wurden wir. „Werden und Vergehen“ heißt das mir liebste Blatt, das auch heute noch einen gewissen Wert für mich hat, ohne dass wir je herausgefunden haben, was es darstellen soll. Es stellt dar, hatte meine Tochter auf unsere diesbezügliche Frage geantwortet, was meine Frau als Ungezogenheit empfand. Ulla war schwer erziehbar, hatte aber erstklassige Beziehungen. Im vergangenen Jahr flog sie aus der Schule, im Mai hatte sie bereits einen Studienplatz an der Akademie, bei Professor Karsch, der nach Begutachtung ihrer erotischen Aquarelle offenbar Gefallen an meiner Tochter gefunden hatte.

Mach mal so weiter, dies waren seine einzigen Worte bis Ende November, weil seine Ausstellungsobjekte ihm keine Zeit für die Lehre ließen. Anfang Dezember durfte Ulla seine Ausstellung in Regensburg aufbauen, Sandhaufen, die in schöner Schichtung in den Ecken der Galerie aufgeschüttet werden mussten. Der Sand kam aus den Erdbebengebieten in Peru, und weil er auf der langen Reise nach Regensburg zusammengeklumpt war, musste er gesiebt werden. Eine Heidenarbeit, aber ein beeindruckendes Resultat. Im Katalog wurde Ulla gedankt. Zu Weihnachten hat meine Tochter die Akademie wieder verlassen, jetzt arbeitet sie als Assistentin bei einer adligen Dame, deren *Art Management* großen Firmen Kunst für die leeren Wände verkauft. Sie verdient jetzt doppelt so viel wie ich. Meine Frau ist begeistert. Unsere Ulla! Den Sand, der in Regensburg übrig geblieben war, hat sie einem Maschinenbauunternehmen verkauft, das ihn, vor den neugierigen Händen des Aufsichtsrats hinter Plexiglas abgeschirmt, in seinem Konferenzzimmer in den Ecken lagert. Es ist erstaunlich, dass die großen Unternehmen so viel Sinn für die Kunst aufbringen. Und unsere Ulla immer dabei, ohne sich noch die Hände schmutzig machen zu müssen.

Bleiben noch Fritz und Franz, die auch nichts mehr mit Kultur zu tun haben wollen. Fritz hat Philosophie studiert, Franz Musik. Fritz war das Genie in unserer Familie. Während seine Schulkameraden Mickey-Mouse-Hefte lasen, gab er vor, die „Phänomenologie des Geistes" studieren zu müssen. Einser-Abitur, Studienstiftung des deutschen Volkes, DGF, Austauschstudent in Harvard, Rezensionen in den Philosophischen Monatsblättern. Aber etwas stimmte nicht mit ihm. Meine Frau wurde misstrauisch, als Fritz die Rückseiten seiner noch nicht beendeten Doktorarbeit über das „Ende der Geschichtsphilosophie“ als Schmierpapier zu benutzen begann. Und dann trat er eines Abends in die Stube und erklärte, er habe zu allem Überfluss auch noch den *linguistic turn* verpasst. Wie konnte das passieren?, fragte meine Frau. Alles aus. Dennoch hat er Glück im Unglück gehabt. Seit vier Wochen ist er Lebensberater im Internet, mit eigener Website. Keine Theorie mehr, dafür ehrliche Arbeit, sagt meine Frau, und außerdem verdient er das Dreifache von einem C-4-Professor, der den *linguistic turn* noch mitgemacht hat. Tag und Nacht sitzt er nun im Schlafanzug in seinem Chatroom und berät Menschen, denen der Sinn des Lebens abhanden gekommen ist. Wir sehen ihn kaum noch, aber das leise Klicken der Tasten seines Computers sagt uns, dass er noch am Leben sein muss. Manchmal hören wir ihn in der Nacht laut aufschreien, daran wollen wir uns aber gewöhnen.

Franz war das Inbild des Künstlers. Lange wehende Haare, spindeldürrer Körper, stechende Augen, stets mit einem schwarzen Paletot bekleidet. Für sein Stück für zwei Klaviere und Trompete erhielt er den Kompositionspreis in Bari, seine „Konfigurationen I–XII“ wurden in Leipzig uraufgeführt und in Nürnberg nachgespielt. Er hat selber dirigiert. In „Konfiguration IX“ läuft eine Aufziehente über das Fell der großen Trommel, was ihm als Effekthascherei angekreidet wurde, aber er stand dazu. Er ging auf in seiner Kunst. Die Musik ist die einzige Kunst, die das Unfassbare hörbar macht, so seine Worte, sie wird uns alle überleben. Jede Note sei ein Geschenk der Stille, mit solchen Sätzen konnte uns Franz in Erstaunen versetzen. Vor sechs Wochen dann das wahrhaft Unfassbare. Wer noch eine Note schreibt, unterrichtete er uns beim Frühstück, muss für verrückt erklärt werden. Alles sei Quatsch, Unsinn, er habe alle seine Noten entlassen. Und während meine Frau mit den Tränen kämpfte und kein

Wort mehr herausbrachte, verließ Franz das Zimmer, verkaufte seine Instrumente, ließ sich die Haare schneiden, kaufte sich einen Anzug von Armani und eine Rolex. Er hat eine Stelle beim Privatfernsehen angenommen, als Leiter der Musikabteilung. Konserven-Verwalter. Während ich dies schreibe, läuft gerade sein Programm „Stimmen der Welt“, wo ein Vierjähriger mit einem Teddy im Arm das „Ave Maria“ singt zur Freude meiner Frau. Weihnachten waren wir wieder alle beisammen, mit Ausnahme von Fritz, der gerade in diesen Tagen sehr viel in seinem Chatroom zu tun hat. Es gab Gans. Anschließend spielten alle mit ihren Laptops, korrespondierten mit Freunden, machten kleinere Geschäfte. Das Leben ging weiter. Und bis heute denken wir oft und lange an unsere Kinder.

Das Mädchen auf der Treppe

Es war Sonntag, und ich ging wie jeden Sonntag in die „Pfalzstube". Eigentlich ging ich jeden Tag in dieses Lokal, nur am Samstag nicht, wenn sich die Fußballer trafen, denen man besser nicht über den Wege lief. Das Essen war meistens miserabel, weil weder der Wirt, mit dem ich seit Jahrzehnten befreundet war, noch die ständig wechselnden Köche etwas von Küche verstanden. Als ich nach München gezogen war, in meiner Jugend, war die „Pfalzstube" der Treffpunkt der Boheme. Die Schriftsteller, Filmleute und Künstler, und später auch die sogenannten Terroristen, trafen sich in diesem schon damals wenig ansprechenden Lokal, das von einer Frau bewirtschaftet wurde, die alle Mutti nannten. Und als Mutti mit einem Lungenkarzinom auf dem Sterbebett lag, vermachte sie das Lokal ihrem treuesten Kunden, Kurt oder Kurti, der eigentlich Bildhauer war. Im Sommer verschwand Kurti für drei Monate auf seinen Landsitz im Piemont, wo er älteren Damen beibrachte, wie man Tierplastiken herstellte, Schafe und Karnickel, die übrige Zeit stand er tapfer hinter dem Tresen und schimpfte auf die modernen Künstler, die angeblich nichts mehr vom Handwerk verstanden. Einige dieser Künstler hielten Kurt trotzdem die Treue. Sie waren mittlerweile Professoren an der Akademie und hatten große Ausstellungen, aber wenn sie bei Kurt waren, saßen sie an der Theke und würfelten oder unterhielten sich über Fußball. Auch ich war gelegentlich erstaunt darüber, wie maulfaul sie waren, aber wenn ich darüber reden wollte, wurden sie von Kurt wortreich verteidigt. Nur er durfte sie kritisieren, nicht ich, der Nicht-Künstler. Seine romantische

Vorstellung vom Künstler als Schöpfer ließ es nicht zu, dass man sich über die Kunst lustig machte, und auch wenn aus dem Schöpfer ein Star geworden war, der sich nur noch selbst plagiierte, war er eben noch ein zu respektierender Künstler. Weder die Logik noch die Theorie gehörten zu Kurts Stärken, und alle Versuche, ihn in ein Gespräch über die Bedeutung von Kunst und Künstlertum zu verwickeln, waren nach wenigen Minuten gescheitert. Kunst ist Handwerk, mehr wollte er zu diesem Thema nicht beisteuern.

Kurts große Stärke war die Freundschaft.

Die „Pfalz" war bis auf den für mich reservierten Tisch besetzt, was ungewöhnlich war, denn an manchen Sonntagen war ich der einzige Gast zur Essenszeit. An den Königsberger Klopsen konnte es nicht liegen, die der vietnamesische Koch, laut Kurt ein Fachmann für deutsche Spezialitäten – die aber weder deutsch noch speziell waren –, als Hauptgericht anbot. Der Vietnamese war eigentlich ausgebildeter Mathematiker, der bei Pferdewetten sein Geld und noch viel mehr Geld von anderen verspielt hatte und für dieses Vergehen elf Monate im Knast saß, wo er seine Liebe zur deutschen Kochkunst entdeckt hatte. Er war, im Gegensatz zu Kurt, ein unternehmungslustiger Mensch, weshalb wir sicher waren, ihn bald als Chef einer vietnamesischen Schnellrestaurantkette wiederzusehen.

Ich bestellte die Königsberger Klopse, da ich den Rest von der Karte schon im Laufe der Woche hinuntergewürgt hatte. Ich kannte keinen der lärmenden Gäste, und auch Kurt zuckte nur mit den Achseln, als ich ihn nach der plötzlichen Popularität seiner Küche fragte. Ein Bus, war seine Antwort, und tatsächlich hörte ich die schwäbische Mundart heraus, wenn laut nach Bier gerufen wurde. Zu Hause sind die Schwaben ein ruhiges und friedliches Volk, sagte Kurt, aber kaum haben sie ihre Landesgrenzen überschritten, werden sie zu reißenden Tieren. Kurt stammte aus Husum, der grauen Stadt am Meer, wo, wie er sich ausdrückte, seit dem Krieg gegen Dänemark kein Lacher mehr zu hören gewesen war.

Ich hockte mich an meinen kleinen Tisch und begann das mitgebrachte Buch zu lesen. Es war eine Studie über Kuriositäten aus dem 19. Jahrhundert, über Medien, Zwerge und Seeungeheuer, aber auch über Lola Montez oder Jack the Ripper, siamesische Zwillinge und Joanna Southcott, die das exakte Datum des Erscheinens des Messias vorausgesagt hatte. Eine seltsame Mischung über die Epiphanien des Unwahrscheinlichen und Unvorhersehbaren, wie sie nur das spleenige England hervorbringen konnte, erschienen 1945. Bücher dieser Art fesselten mich stärker als die zeitgenössischen Romane, die ich als Korrektor lesen musste. Vor allem waren sie in der Regel ohne Fehler gesetzt, was man weder von den Romanen noch von den Sachbüchern sagen konnte, deren oft schludrig geschriebene Manuskripte mir von Verlagen zugeschickt wurden. Mein Ruf als sorgfältig arbeitender Korrektor war inzwischen so gefestigt, dass ich mir die interessantesten Projekte heraussuchen konnte, die ich dann vom Manuskript über die Fahnen bis zur Drucklegung begleitete. Früher habe ich selber Romane geschrieben, die sogar in elektronischer Form noch immer angeboten werden, aber dann gab es einen Moment, da ich jedes Vertrauen in die Fiktion, wie ich sie erfinden konnte, verlor. Vielleicht ist es nur eine Unterbrechung, dachte ich damals, ein Prozess, so wie jeder Mensch ein Prozess ist und nicht etwas Fertiges, genetisch Fixiertes, das sich entfaltet und dann wieder abstirbt. Vielleicht wollte damals etwas in mir, mein sogenanntes Selbst, sich nicht mehr an Erfindungen verschwenden, die aus mir herauswuchsen und herauswucherten (was immerhin als hohe artistische Leistung gelobt wurde), sondern dieses Selbst wollte vielleicht eine Erfahrung machen und sich dadurch verändern, und es wäre meine Aufgabe gewesen, diese Veränderungen minutiös festzuhalten. Aber es gelang mir nicht, eine lebensumwälzende Erfahrung zu machen. Ich musste unter Qualen, unter entsetzlichen Schmerzen – denn ich hatte mich gefreut, ein Schriftsteller zu werden – einsehen, dass es mir nicht gelang, mich zu öffnen, die Fenster und Türen meines Selbst aufzureißen, um die frische Luft des Neuen, Anderen einzulassen. Je mehr ich daran arbeitete, dieses Neue, Andere überhaupt erst einmal zu denken, desto weniger überzeugten mich die Ergebnisse. Ich war, musste ich einsehen, weder für die Revolution der Kunst (und des Lebens) zu haben, noch für den wunderbaren Aktionismus, der damals frischen Wind in die konventionellen Schrebergartenkünste brachte. Ich erinnere mich, wie der zu dieser Zeit berühmte Aktionskünstler Wolf Vostell, ein schwerer Mann im langen Fellmantel, mich mit sonorer Stimme aufforderte, mit ihm ein Happening zu veranstalten, und ich plötzlich vor mir sah, welch lächerliche Figur ich abgeben würde – und absagte. Ich war nicht dazu geschaffen, ich konnte nicht die Flöte spielen, was ich auf der Autobahn tun sollte, während um mich herum der Berufsverkehr brausen würde. Der springende Punkt war, dass die Flöte nicht zu hören sein sollte. Ich sollte ein Hirtenlied spielen – und ich konnte damals wunderbar Flöte spielen! –, das nicht zu hören war, während ich die Meinung vertrat, dass der wunderbare Wolf Vostell den Verkehr anhalten sollte, damit alle Welt, zu einer Pause gezwungen, sich das Lied anhören musste! Ich erinnere mich, mit welcher Verzweiflung ich den Aktionskünstler beschwor, der Flöte Gehör zu verschaffen, während er mit einer gewissen Lahmarschigkeit darauf bestand, dass der Witz der Aktion darin bestehen würde, sie eben nicht zu hören. Das Ende meiner Karriere als

Konzeptkünstler war denn schnell erreicht. Ich mietete eine im Rohbau fertige Hochgarage und lud zwölf Künstler ein, nichts auszustellen. Das Kulturreferat und eine Brauerei hatten dieses Projekt mit viel Geld unterstützt, wir hatten Plakate geklebt, ich hatte theoretisch hoch aufgerüstete Interviews gegeben, sodass zur Eröffnung eine Menschenmenge sich eingefunden hatte, die mit dem gespendeten Freibier durch das leere Gebäude zog und nichts sah als sich selbst. Ein Politiker stellte die Frage, warum ein solcher Unsinn unterstützt würde, es kam zu Protesten und Gegenprotesten, wie üblich, und ich war ein paar Tage glücklich.

Solche Katastrophen wiederholten sich, weil ich einerseits mit vielen der Künstler, die damals in der „Pfalzstube" verkehrten und sich einen Namen machten (und heute allesamt tot sind), befreundet war, ich aber andererseits nicht ständig über meinen Schatten springen konnte. Ich wollte ein richtiger Künstler sein und nicht das Nichts ausstellen. Also stellte ich irgendwann auch mein Schreiben ein, wenn man von gelegentlichen Satiren absieht, die mir leicht von der Hand gingen und von den Rundfunkanstalten gerne gesendet (und gut honoriert) wurden. Aber Satiren haben nichts mit Kunst, wie ich sie verstehe, zu tun, also ließ ich auch diese Einnahmequelle austrocknen und wurde Korrektor, eine Arbeit, bei der man nicht nur viel über Sprache und Interpunktion, sondern eben auch über Zusammenhänge lernt.

Ich war tief in die Voraussagen der Joanna Southcott eingedrungen, als mich Kurt fragte, ob ein später Gast sich an meinen Tisch setzen dürfe, ein alter Freund von ihm, der an den letzten Königsberger Klopsen interessiert war. Ohne genau hinzusehen, stimmte ich zu, und war dann doch erstaunt, in das zerstörte Gesicht eines Menschen blicken zu müssen, der sich anschickte, mir gegenüber Platz zu nehmen. Offenbar hatte eine Nervenentzündung seine rechte Gesichtshälfte kaltgestellt, wodurch eine Asymmetrie entstand, die ein normales Sprechen unmöglich machte. Wahrscheinlich Trigeminus. Die rechte Seite des Mundes blieb offen, als er mir für meine Freundlichkeit, ihn nicht abgewiesen zu haben, dankte. Nach jedem Wort fuhr eine fleischige Zunge über seine Lippen, wie ein Schwamm, der jedes Wort, im Moment des Aussprechens, wieder löschen wollte. Ich verstand nicht einmal seinen Namen. Er legte seinen ehemals hellen Sommermantel pedantisch über die Rücklehne seines Stuhls, setzte sich mit übertriebener Sorgfalt hin und ruckelte so lange mit dem Stuhl herum, bis er die für ihn akzeptable Position erreicht hatte. Ich war mir zunächst nicht sicher, ob er mit mir reden wollte, weil er mich so distanziert, ja sogar feindlich musterte, als wäre ich unerlaubt in sein Revier eingedrungen, und nicht umgekehrt.

Und dann sagte er, dem Kurt inzwischen die letzten Königsberger Klopse vor die Nase gestellt hatte, mit einer Stimme, die aus der tiefsten Tiefe seines Ungeschicks zu kommen schien, er freue sich, mich nach so langer Zeit einmal wieder zu sehen. Sind es zwanzig, fünfundzwanzig Jahre, fragte er mich, dass wir uns nicht gesehen haben? Ich war sprachlos, weil ich hätte schwören können, dieses Gesicht nicht zu kennen – und ich bildete mir einiges ein auf meine physiognomischen Wiedererkennungskünste.

Er wusste alles über mich, alles. Jedes Flugblatt, an dem ich mitgeschrieben hatte, jede Demonstration, an der ich beteiligt war, er gab sogar Gespräche wieder, die ich angeblich mit ihm geführt hatte, ganz zu schweigen von allen gescheiterten Liebesverhältnissen, die er mit unheimlicher Akribie aufzuzählen begann. Die Schwaben hatten das Lokal inzwischen verlassen, nur am Tresen lümmelten noch zwei Burschen in Lederjacken, die ich nicht kannte, beide hatten einen Ellenbogen auf die Theke gepflanzt und einen Fuß auf die Messingleiste gestellt, die um die Bar herumlief, ein schönes Bild der harmonischen Symmetrie. Joanna Southcott, ging es mir durch den Kopf, hatte 1814 bekanntgegeben, dass sie am Ende des Jahres – sie war damals vierundsechzig Jahre alt – einen Sohn gebären würde, den zweiten Messias, dessen Auftrag es war, Christen und Juden zu versöhnen. Am 27. Dezember 1814 verstarb die arme Frau.

Christoph, so hieß meine entstellte Suchmaschine, trank ein Bier nach dem anderen, um immer neue Details aus meiner rebellischen Jugend zu produzieren, sodass ich am Ende eines ungewöhnlich langen Abends sicher war, dass wir uns gekannt haben mussten. Er selbst war Theologe, hatte aber seine Doktorarbeit über Probleme der Theodizee geschmissen, weil er sich einige Jahre in Südamerika dem bewaffneten Kampf angeschlossen hatte. Venceremos, kam es aus seinem schiefen Mund, du verstehst schon. Du gehörst also auch zu denen, die Gott verraten haben, sagte ich und bereute es sofort, weil ich befürchten musste, nun seinen Abfall von Gott in allen Einzelheiten anhören zu müssen, ein Kapitel deutscher Geistesgeschichte, das mir in jeder Hinsicht vertraut war. Bitte nicht!, rief ich, als er tatsächlich anheben wollte, mir mit Karl Barth seinen Bruch mit der Kirche zu beichten, das hat Gott nicht verdient. Es gibt ja nichts Öderes als ernsthafte Protestanten, die in bayerischen Gaststätten ihre Gotteszweifel ausbreiten.

Andererseits fand ich Gefallen an diesem späten Gast, dessen Leben auf den zweiten Blick sogar Ähnlichkeiten mit meinem aufwies. Auch ich habe ja mein Studium nicht zu einem Abschluss gebracht, aber nicht, weil ich zu wenig, sondern weil ich zu viel studiert habe. Ich hatte jedes Semester ein neues Fenster aufgerissen und jeden Zweifel hereingelassen, ich las nicht mehr sorgfältig, sondern gefräßig, ich ließ jede neue Fragestellung zu, und am Ende dieser schönen Jahre fand ich sogar eine Begründung, warum es ein Fehler gewesen wäre, dieses breite Delta des Wissens, in dem ich richtungslos und glücklich herumschwamm, in das dünne Rinnsal einer Dissertation münden zu lassen. Aber das wollte ich Christoph jetzt nicht auch noch auf die Nase binden. Also zahlte ich, genauer gesagt, ich bat Kurt darum, die Rechnung (für uns beide!) anzuschreiben, obwohl ich beschlossen hatte, die „Pfalz“ in den nächsten Wochen zu meiden, um Christoph aus dem Wege zu gehen. Ich spürte, dass er mir noch näher kommen wollte; und plötzlich hatte ich Angst, dass er etwas über mich wissen könnte, an das ich auf keinen Fall erinnert werden wollte. Ich war, wie ich mir gerne eingestand, ein solider Verdränger, und die Jahre, die mir noch blieben, wollte ich nicht damit verbringen, in alten Geschichten herumzustöbern. Ich hatte keine reine Seele, das wusste ich selbst am besten. Ein abgebrochener Theologe musste es mir nicht beweisen.

Christoph ging zwei Schritte hinter mir her, manchmal hüpfte sein Schatten vorweg, dann wurde er kleiner und zog sich bis zur nächsten Laterne zurück. Es bestand kein Zweifel daran, dass er mir folgen wollte. Aber wohin? Mrs. Southcott war sicher, vier Tage nach ihrem Tod wieder lebendig zu werden. Und einige ihrer Anhänger waren der Überzeugung, dass sie das Kind, das der Messias werden sollte, noch nach ihrem Tod zur Welt bringen würde. Aber Gott hatte das Kind bereits zu sich genommen. Wir gingen an dem Haus des Hochstaplers Carl Werner vorbei, dessen Geschichte ich einmal aufschreiben werde. Sie ist nicht weniger dramatisch als die Geschichte der armen Mrs. Southcott, die ich Christoph nun erzählte, und als wir endlich an meinem Haus angekommen waren, kam es mir ganz selbstverständlich vor, ihn auf ein letztes Glas einzuladen. Er nahm ohne jedes Zögern an.

*

Das Haus, in dem ich lebe, ein altes Jugendstilgebäude, hat einen Fahrstuhl, der nur einmal im Monat funktioniert. Also stiegen wir murrend in den dritten Stock, mit langen Verschnaufpausen, in denen ich Carl Werners Geschichte ausbreitete, dem es gelungen war, als Sohn eines Bäckers aus Giesing zum linksradikalen Adligen aus dem Geschlecht der Hohenzollern aufzusteigen. Wir alle hatten von ihm und seinen undurchsichtigen Stiftungen profitiert, ich selbst hatte Exposees für urbanistische Studien geschrieben und Kongresse geplant für die Zukunft des Wohnens, und Carl Werner, in dessen kahler Wohnung Gewerkschaftsbosse und Industrielle sich bei billigstem Wein mit uns trafen, hatte gezahlt, ohne je eine Frage zu stellen. Einmal hatte ich den Wiener Philosophen Ernst Fischer eingeladen, mit uns zu diskutieren. Er wurde von Carl Werner so herzlich begrüßt, als wären sie lebenslange Freunde gewesen, die sich endlich wieder begegneten, obwohl Fischer, wie er mir zuflüsterte, den Mann noch nie in seinem Leben gesehen habe. Die Frau eines Philosophen hatte eigens für dieses Ereignis Plätzchen gebacken, die Industriellen waren begeistert, einem so prominenten Kommunisten mit so guten Manieren zuhören zu dürfen, und die radikalen Trinker aus der „Pfalz“ sprachen beherzt dem Rotwein aus Dreiliterflaschen zu. Während ich erzählte, sah ich das traurige Gesicht Wolfgang Koeppens vor mir, der auch zu den Gästen des verrückten Hochstaplers gehörte. Er hasste schlechten Wein.

Es hatte lange gedauert, bis wir begriffen, dass die Welt nicht zu ändern ist. Sie ist immer ein wenig stärker als wir. Und selbst wenn sich sieben Milliarden Menschen alle Mühe geben, sie in einen Schrotthaufen zu verwandeln, wird sie am Ende überleben. Sie wird sich, aus Gott weiß welchen Gründen, einmal einen Tick schneller drehen, dann fliegen Menschen und Dinge von ihr weg und verglühen im All. Dann beginnt die Geschichte wieder von vorne. Und alle Fehler werden sich wiederholen. Das wusste natürlich auch der liebenswerte Hochstapler Carl Werner. Der Direktor des Botanischen Gartens hatte ihm eigenhändig den winzigen Balkon seiner Wohnung in eine Art Dschungel verwandelt, in dem er, bei seinem billigen Wein und noch billigeren Zigaretten, darüber nachdachte, wie er bestimmten Leuten ein wenig Geld abknöpfen konnte, um es in unsere Taschen zu lenken. Es war ganz einfach, wenn man ihm glauben konnte. Er hatte drei Gedichtbände veröffentlicht. Als er starb, kam heraus, dass er sein adliges Leben nur erfunden hatte. Seine vielen Freunde blieben bei seiner Beerdigung unsichtbar. Am Grab standen seine Geschwister, die mir von der elterlichen Bäckerei erzählten. Natürlich war auch sein Name eine Erfindung.

*

Auf dem Treppenabsatz vor meiner Wohnung saß eine junge Frau, oder besser gesagt, ein heulendes Elend. Neben ihr ein Koffer und eine riesige Mappe, wie man sie zum Transport von Zeichnungen benützt. Den Inhalt ihrer Handtasche hatte sie auf mehrere Treppenstufen verteilt, als hätte sie vor, sich länger in diesem Hausflur aufzuhalten. Ein schönes Bild: Eine leise, aber hartnäckig weinende Frau, die Hosen an den Knien absichtlich aufgerissen, der Mantel über dem Treppengeländer, um sich herum Tabletten, Kämme, Bücher, elektronische Geräte, Schminksachen, Schlüssel und andere rätselhafte Dinge, die nur für den verständlich sind, der sie, ohne sie je zu gebrauchen, sein Leben lang mit sich herumschleppt.

Sie war, um es einmal allzu oberflächlich auszudrücken, sehr schön. Und sie vergoss, das war allen an diesem Drama Beteiligten klar, ihre Tränen nicht meinetwegen.

Wir machten es uns zu dritt in meinem Wohnzimmer bequem. Ich entfernte die Bücherberge von sämtlichen Sitzflächen und Christoph verschwand mit der Schönen in der Küche, um ihr Spaghetti zu bereiten, und natürlich gab er großzügig ein ganzes Päckchen ins kochende Wasser, um ihr beim Essen Gesellschaft zu leisten. Die Gesetze der Gastfreundschaft hatten mir gar keine andere Wahl gelassen, als die junge Frau, die uns noch auf der Treppe ihr Unglück erzählt hatte, hereinzubitten. Mein Nachbar, einer dieser gutaussehenden jungen Männer, die von meinem Viertel geradezu magnetisch angezogen wurden, hatte sie bestellt, konnte sie aber nicht richtig begrüßen, weil ihn, gerade als sie das Haus betreten wollte, die Polizei abgeführt hatte. Wahrscheinlich Drogen. Er drehte angeblich Werbefilme, fuhr einen Porsche und sah insgesamt so aus, als mache es ihm keine Mühe, sein Leben ohne größere Anstrengung zu führen. Die Eltern, erfuhren wir von unserer neuen Freundin, besaßen eine Baumarktkette und mehrere Hotels im Norden, die Mutter züchtete Rennpferde. Ich kannte ihn nur flüchtig, wir hatten die üblichen Floskeln gewechselt, wenn wir uns gegenseitig die falsch abgegebene Post brachten oder uns zufällig auf der Treppe begegneten. Er war immer gut gekleidet und von übertriebener Höflichkeit, und als ich ihn einmal bat, seine Musik nach Mitternacht, wenn ich arbeiten wollte, leiser zu stellen, überschüttete er mich förmlich mit einem Schwall von Entschuldigungen. Eine bestimmte Musik versetze ihn buchstäblich in Ekstase, dann kenne er sich selber nicht mehr, so das Fazit seiner Rede, was wahrscheinlich auf die

Drogen zurückzuführen war. Man sah ihm aber auch so an, dass er sich nicht besonders gut kannte. „Mega-Cine“ stand auf einem großen Messingschild auf seiner Tür, was ja eigentlich alles sagte.

Helga hieß die junge Frau. Christoph, der spürte, dass mit unserem Gast nicht über Probleme der Theodizee zu reden war, und die Frage, warum Gott sich so viel Zeit lässt, das Elend aus der Welt zu schaffen, in dieser Nacht keine Antwort finden würde, hatte sie barsch nach ihrem Namen gefragt. Helga, aus Hannover. Ich zuckte zusammen. Wie konnten Eltern auf die Idee verfallen, ihre Tochter Helga zu nennen? Wie konnten sie zulassen, dass diese schöne Frau nun ihr ganzes Leben mit Helga angeredet wurde? Kaum einer ahnt, was Namen anrichten können, dass sie ein Leben zerstören können. Am liebsten wäre ich aufgestanden und hätte Helga tröstend in den Arm genommen, aber ich hielt mich zurück. Thomas Mann wäre ein unbekannter Lübecker Provinzschriftsteller geblieben, ging mir durch den Kopf, wenn er einer seiner Romanfiguren den Namen Helga verpasst hätte, eine Helga in den „Buddenbrooks“ hätte den Roman vernichtet.

Helga hatte kein Geld. Man hatte ihr im Zug von Hannover die Geldtasche gestohlen, „mit allen Karten, alles weg“, sagte sie treuherzig, und tatsächlich, fiel mir ein, war unter allen Sachen, die sie auf der Treppe ausgebreitet hatte, kein Portemonnaie gewesen. Aus unserem Gast wurde ein Fall.

Helga schlief, so wurde beschlossen, im Gästezimmer, das ich in aller Eile hergerichtet hatte, Christoph nahm die letzte Flasche an sich und machte sich auf den Heimweg, ich legte mich mit Mrs. Southcott ins Bett. Seltsam war, dass sie auch nach ihrem Tod von ihren Anhängern verehrt wurde. Hätte man sie besser behandelt, so die verbreitete Ansicht, hätte Gott sie den Messias gebären lassen. „Nur als Rätsel ist der Mensch groß und deutlich genug", hatte ein Freund von mir einmal geschrieben, „nur eine mystische Anthropologie wird ihm gerecht."

*

Mein Nachbar tauchte in den folgenden Tagen nicht mehr auf, er blieb in Untersuchungshaft, wie mir eine Polizistin am Telefon stolz berichtete. Vielleicht hatte er sich, was ich ihm nie zugetraut hätte, tatsächlich an ein großes Ding gewagt? Mit seinen Freundschaftsbändern, den goldenen Halskettchen auf freier Brust, mit seinen albernen Cowboystiefeln und den Diamantohrringen sah er wie einer der Als-ob-Typen aus, die in Münchens Altbauwohnungen ihre harmlosen Geschäfte betreiben. Kurz vor der Schließung sieht man sie an Samstagen auf dem Elisabethmarkt noch Papaya kaufen und Rucola und Null-Fett-Joghurt für das Frühstück danach.

Helga verbrachte den größten Teil der folgenden Tage am Telefon, um ihre alten Karten sperren zu lassen und um neue zu bekommen; außerdem bewarb sie sich als Grafikdesignerin, weil sie auf die Versprechungen meines Nachbarn, ihr eine steile Karriere zu ermöglichen, hereingefallen war und in Hannover gekündigt hatte. Sie hatte Per, wo sonst, auf Ibiza kennengelernt, Helga und Per, das hätte ihr ganz einfach gefallen, während mir diese Kombination den Magen umdrehte. Was sind das für Geschöpfe, die sich auf Ibiza herumtreiben, nie ein Buch lesen, wie sie mir freimütig gestand, keine Musik hören, die älter ist als drei Monate, und ausgerechnet auf einen Mann hereinfallen, der Per heißt? Ich habe nie viel von Pädagogik gehalten, aber was jetzt in den Schulen ausgebildet wird, bringt mich zur Raserei. Dabei war Helga die liebenswerteste Person, die sich denken lässt. Ein Engel, der ausgerechnet und unverdient mir zugeflogen war. Sie machte sauber, was jeder Säuberung beharrlich widerstanden hatte, sortierte die Bücher ins Alphabet, reparierte den Toaster und den Staubsauger, kaufte klug ein und konnte sogar ein passables Mittagessen kochen. Wenn sie nur nicht ständig die verarbeiteten Kalorien erwähnt hätte! Ihre größte Leistung allerdings bestand darin, meine gesamte Garderobe einer genauen Inspektion zu unterziehen. Aufgeplatzte Nähte wurden geschlossen, längst vergessene Knöpfe wieder angenäht, die Hosen gereinigt und gebügelt, die Unterwäsche mehr oder weniger ersetzt, die Schuhe neu besohlt und mit ordentlichen Senkeln versehen.

Ich bildete mir nach einigen Monaten ein, dass ich mich unter Helgas sorgfältigen Händen verändert hatte. Aber sie war natürlich nur für das Äußere zuständig, für die Haut meines Lebens. Ihr hellwacher Instinkt verbot ihr, sich dem Inneren zu nähern. Manchmal hatte ich den Eindruck, sie hätte Angst vor mir. Wenn wir aßen, schaute sie mich lange an, ohne ein Wort zu sagen. Und ohne auch nur einen Bissen zu sich zu nehmen.

Nach einem halben Jahr hatte sie eine Halbtagsstelle als Webdesignerin gefunden. Per war verurteilt worden, die Wohnung neben meiner wurde von einem Paar bezogen, dem ich so gut wie möglich aus dem Weg ging, obwohl mich Helga mehr als einmal aufforderte, sie aus Höflichkeit einzuladen. Sie selbst war oft nebenan. Sehr nette Leute, erzählte sie, die Frau eine Virologin, der Mann ein für Hals, Nasen und Ohren zuständiger Arzt am Städtischen Krankenhaus. Aber ich konnte mich nicht aufraffen, ihnen einen Abend zu widmen. Je länger ich der Obhut Helgas ausgeliefert war, desto mehr wollte ich die Illusion haben, noch freie Entscheidungen treffen zu dürfen. Mit dem freien Willen konnte ich ohnehin nicht viel anfangen, und ich befürchtete, dass mir die Mediziner noch den letzten Rest davon austreiben würden. Wer den ganzen Tag in Hals, Nasen und Ohren vergraben ist, verliert jedes Gefühl für Metaphysik, da bleibt für den freien Willen nicht mehr viel übrig, und ein freier Wille ohne Metaphysik war nicht zu haben. In meiner Jugend hatte ich zu viel über Freiheit nachgedacht, alles sollte frei sein, jetzt wusste ich, dass es Freiheit nicht gab. Es gab keine Freiheit, wann würde man diese einfache Wahrheit verstehen?

Eines Tages schickte Helga mich in die Stadt, um ein Stützkissen für meinen Hals abzuholen, der sich durch das ständige Korrekturlesen versteift hatte. Wie anders mir die Stadt vorkam! Ich war ja monatelang nicht mehr auf der Straße gewesen, seit Helga mich wie einen freiwilligen Gefangenen hielt. Sie war für mich die Stadt. Sie ging ins Kino und in Bars und Konzerte, sie berichtete mir von neuen Baustellen und neuen Geschäften, von Bioläden und Galerien. Ihre Aufmerksamkeit nahm jeden Tag zu, und ich brauchte mir nur noch vorzustellen, was außerhalb meiner vier Wände geschah.

Offen gesagt, hatte ich die Stadt auch nicht vermisst. Ich hatte auch früher die städtischen Angebote, wie es jetzt hieß, nur benutzt, um eine Pflicht zu erfüllen, meine Pflicht als Stadtbewohner. Ich war zum Beispiel wählen gegangen oder hatte eingekauft, wie es sich gehört, aber ich kann nicht sagen, dass ich je am Leben der Stadt teilgenommen hätte. Da ich nun auch nicht mehr die „Pfalzstube“ aufsuchte, gab es keinen triftigen Grund mehr, auf die Straße zu gehen. Ich las den ganzen Tag. Und war froh, wenn am Abend Helga zu Hause war, der ich dann meine Schlussfolgerungen aus all dem Gelesenen auseinandersetzen konnte. Mein Blick auf die Welt wurde nicht gerade optimistischer, was oft zu heftigen Diskussionen mit Helga führte, die die Welt insgesamt für erträglich hielt. Für mich war sie eigentlich nur durch Helga erträglich.

Auch das Reisen stellte ich ein. Früher hatte ich gelegentlich Städtereisen gebucht und war nach Berlin oder nach Leipzig gefahren, um den „Hamlet“ zu sehen oder Beethoven zu hören, aber die Menschen, die mit Bussen unterwegs waren, wurden zunehmend älter und tauber und uninteressanter, und die Vorstellung, neben einer kunstbeflissenen Witwe stundenlang durch Deutschland fahren zu müssen, um einen schlecht gespielten Hamlet in Köln anzuschauen, konnte mich nicht mehr locken. Man nahm viel zu viel mittelmäßige Kultur in sich auf, die sich nur schwer wieder abbauen ließ. All die fürchterlichen Kasimirs und Karolines, die ich in meinem Leben gesehen hatte, geisterten in mir herum und blockierten mich, und ich war jedes Mal heilfroh, wenn ich in der Zeitung lesen konnte, dass fast alle Aufführungen auch nicht annähernd so gut waren wie die, die ich in meiner Jugend gesehen hatte. Manchmal hatte ich tatsächlich das Gefühl, dass der Welt nichts mehr einfiel. Abgesehen von Mitteln zu ihrer Zerstörung. Natürlich machte Helga dann und wann den Versuch, mich nach Schwetzingen oder nach Heidelberg auf Festivals zu entführen, und manchmal war ich nahe dran, ihren Bitten nachzugeben, aber in letzter Minute erfand ich dann doch einen Grund, die Reise abzusagen.

Am Elisabethmarkt traf ich Kurt. Ich hätte ihn fast nicht erkannt, so aufgeräumt sah dieser ewig verbummelte Mensch plötzlich aus, als hätte ihm jemand eine Maske vom Gesicht gezogen. Helga sei der wahre Mittelpunkt seiner Kneipe geworden, dafür wolle er mir von Herzen danken, sagte er. Von Herzen, einen solchen Ausdruck hatte Kurt seit vierzig Jahren nicht mehr über die Lippen gebracht. Von Herzen, mit Schmerzen, ergänzte ich für mich, denn ich spürte plötzlich ein Stechen, das mir durch den ganzen Körper zuckte.

Irgendetwas war mir entgangen, etwas Entscheidendes. Helga verließ die Wohnung immer gegen Mittag und kam gegen vier zurück, und natürlich hatte ich angenommen, dass sie ihrer Arbeit als Webdesignerin nachging. Keine Ahnung, was sie genau machte. Werbung, das war alles, was sie sagte, wenn ich sie fragte. Danach brachte sie die Wohnung „auf Vordermann“, so ihr Ausdruck, und machte das Abendessen, das immer gegen sechs auf dem Tisch stand. Und dann verschwand sie wieder. Natürlich habe ich nie gefragt, wo sie sich herumtrieb. Ich habe nicht angenommen, dass sie die Volkshochschule besuchte oder in der Stadtbibliothek Bücher las, aber dass sie in die „Pfalzstube“ ging und dort der Mittelpunkt wurde, das wirkte wie ein Schock. Ich war glücklich, wenn sie um Mitternacht wieder zu Hause war und sich meine philosophischen Ausführungen anhörte. Obwohl sich in meinem Leben nichts verändert hatte, fühlte ich mich plötzlich allein gelassen. Ich konnte mich kaum bewegen, stand nur da, mit meinem Stützkissen unter dem Arm, ein alter Mann, der die Orientierung verloren hatte. Ich stand neben einem Stand der SPD, die für bessere Luft warb, und konnte nicht mehr atmen. Die Genossin, die lustlos die Flugblätter verteilte, bot mir ihren Hocker an, sodass ich plötzlich Teil einer Kampagne gegen Feinstaub geworden war.

Ich ging nach Hause und legte mich mit dem neuen Stützkissen aufs Sofa, aber die Schmerzen ließen nicht nach. Im Radio, das ich gegen meine Gewohnheit angestellt hatte, um mich abzulenken, wurde im zweiten Programm eine Sendung zu Fragen der Theodizee angekündigt, und noch ehe ich erschrocken Luft holen konnte, hörte ich die Stimme von Christoph, der darüber nachdachte, warum der Mensch immer wieder der Versuchung unterliege, Böses zu tun. Ist das Böse ein integraler Bestandteil unserer Welt, fragte er scheinheilig, und gab natürlich sofort eine zustimmende Antwort. Christoph konnte also wieder deutlich sprechen. Seine Stimme klang immer noch ein wenig gepresst, als müsse sie sich zusammenreißen, aber man konnte ihn gut verstehen. Gott gibt, trotz des Bösen in der Welt, nichts verloren, hörte ich ihn sagen, darauf müssen und dürfen wir vertrauen, wenn wir uns mit dem Herzen auf ihn einlassen.

Er hatte also den Weg zurück gefunden, der versoffene Rebell, und erörterte nun theologische Fragen im Bayerischen Rundfunk. Kann man im zweiten Programm über Gott und seine verborgenen Absichten nachdenken, ohne ihn wenigstens zu achten?

Um vier kam Helga nach Hause, atemlos. Wie schön sie in ihrer Atemlosigkeit aussah. Als ich ihr erzählte, dass Christoph im Rundfunk über Gottes gutes Gedächtnis gesprochen habe, sagte sie nur: Was der so alles denkt und redet, nicht zu fassen. Das war alles; kein Wort, ob sie ihn gesehen habe oder wie es ihm gehe; kein einziges Wort.

Und dann aßen wir zu Abend, nachdem sie mir die entsetzliche Halskrause abgenommen und mich massiert hatte, es gab Kassler mit Sauerkraut, danach Kompott. Ob ich etwas dagegen hätte, wenn sie einen Hund anschaffen würde, fragte Helga mich beim Abräumen. Hunde hatten etwas gegen mich, ich weiß nicht warum, sie kläfften mich persönlich an, aber ich habe nie verstanden, was sie von mir wollten, ich verstand sie nicht, wenn sie japsend vor mir standen und das Maul aufrissen, als hätte ich ihnen etwas getan. Als Helga mein Zögern bemerkte, sagte sie, eigentlich wolle sie den Hund für mich anschaffen, ich bräuchte dringend einen Hund. Nur ein Hund kann Sie retten, rief sie, und zuerst dachte ich, es handele sich um eine alberne Antwort auf Christophs Theodizee-Überlegungen, aber sie meinte es ernst. Also sagte ich zu, und ich wusste natürlich, dass der Hund bereits angeschafft war und nur auf seinen Auftritt wartete.

Der Hund, das war mir plötzlich klar, sollte Helgas Abschied einleiten. „Er konnte um sich her und über sich das hoffnungslose Haus spüren und das Absterben der Blätter und wie in seiner Seele der eine helle eindringliche Freudenstern im Untergehen zitterte", diese Stelle aus einem meiner Lieblingsbücher fiel mir ein, das ich sofort aufschlug und mich mit der Zeile begrüßte: „Selbst der Wert seines eigenen Lebens wurde ihm zweifelhaft." Jetzt wurde also ein Hund angeschafft, damit ich Gesellschaft hatte, und dann würde Helga gehen. Das Zeitalter des Engels ging zu Ende.

Ich hörte, wie Helga die Tür hinter sich schloss, vorsichtig, wie immer, um mich nicht zu erschrecken. Aber ich war in tiefster Seele erschrocken.

*

In der folgenden Woche nahm ich das Angebot eines Professors der hiesigen Universität an, ihn gegen gute Entlohnung – was immer das heißen mochte bei diesem stadtbekannten Knicker – zum Historikerkongress nach Göttingen zu begleiten, um sein neues Werk (eine Sammlung alter Aufsätze) für den Druck vorzubereiten. Eine Reise, als sollte ich mich auf das Leben nach Helga vorbereiten. Ich sollte ihm helfen, den Eindruck zu erwecken, es handele sich um ein neues, durchgeschriebenes Buch, weil er nur auf diese Weise noch einmal das gesamte Honorar einheimsen konnte. Was als Sammlung verschiedener Aufsätze und Reden, geschrieben zu verschiedenen Anlässen und für sehr unterschiedliches Publikum, noch durchgegangen wäre, erwies sich als eigenständiges Werk als Katastrophe. Alle zehn Seiten wurde ein und derselbe Sachverhalt in wenig anderer Form und Wortwahl wiederholt, was dazu führte, dass man den dünnen Gedankengang zwar verstand, sich aber fragte, warum er stets neu gesagt werden musste. Während wir Seite an Seite im Speisewagen des ICE saßen und uns durch Deutschland fahren ließen, machte ich mit rotem Stift die Wiederholungen kenntlich, die wir dann durch einige aparte Wendungen verfremdeten. In Wahrheit dachte ich nur an meinen Hund, der bereits nach einer Woche in meiner Nähe alles getan hatte, um mich an der Abreise zu hindern. Ich sollte bleiben, wie es sich für einen größeren Hund gehört. Also hatte er sich quer vor die Tür gelegt und war nicht willens gewesen, mich aus dem Haus gehen zu lassen. Wie sollte ich dem Professor klarmachen, dass wir, um seinen ohnehin nicht guten Ruf in Fachkreisen nicht vollends zu zerstören, das Buch neu anlegen müssten, tatsächlich hatte ich diesen Ausdruck gewählt. Neu anlegen? Er hatte mich, während ich an das traurige Jaulen des Hundes dachte, von der Seite schräg angesehen, als hätte ich ihm gerade die Lehrerlaubnis entzogen. Wie meinen Sie das? Es ging um die zähe Auflösung der staatlichen Institutionen in den letzten Monaten der DDR, aber außer der Mitteilung, dass sie sich zäh gestaltete, war nicht viel zu erfahren, vor allem nichts, was man nicht schon bis zur Erschöpfung in der Zeitung gelesen hatte. Während ich in das lückenhafte Gebiss des verblüfften Professors schaute, das er mir mit offenem Munde darbot, dachte ich an die herrlichen Zähne meines Hundes, und statt dem armen Mann der Zeitgeschichte zu erläutern, was wir dringend zu ändern hätten, erzählte ich ihm von den matt glänzenden Reißzähnen des Hundes, der in meiner Wohnung auf mich wartete. Kurz vor Göttingen war ich mit meinem Bericht zu Ende, und ich stellte mir, quasi als Summe unseres Gesprächs, vor, wie der Hund lustvoll und mit Leidenschaft das Manuskript zerbiss und zerriss, mit raubtierhafter Zähigkeit, die er schon bei einigen schwer verdaulichen Werken der Weltliteratur unter Beweis gestellt hatte. Als ich mich vor Antritt der Reise im Badezimmer rasierte, hatte der Hund nämlich unter dem Regal, also in seinem Revier, den zweiten Band der seltenen Achim-von-Arnim-Ausgabe gefunden und in seine Bestandteile und später in winzige Schnipsel zerlegt, und mich nach getaner Arbeit mit seinem unvergleichlichen Hundelächeln aufgefordert, daraus wieder ein Buch zu machen. Können Hunde lächeln?, hatte der Professor gefragt.

In unserem Tagungshotel – einem dieser Bauwerke, die man unmittelbar nach Fertigstellung wieder einreißen müsste – erwartete mich die Nachricht, dass ich umgehend Helga anrufen solle. Ach, du lieber Gott, schoss es mir durch den Kopf, dem Hund ist etwas passiert! Aber dem lieben Gott sei Dank ging es nicht um den Hund, sondern um Helga selber. Sie sei schwanger, flüsterte sie in den Hörer, und da ich nicht in Frage kam, konnte ich nach einer Pause unbefangen fragen: Wer ist der Vater? Die Antwort ließ lange auf sich warten, sodass ich noch Zeit genug hatte, zu denken, wenn es in diesem Rhythmus weitergeht, wird die Wohnung bald zu klein für die rasch wachsende Familie. Der Hund hatte sich das Dienstmädchenzimmer ausgesucht, Helga logierte, inzwischen ganz neu eingerichtet, im Gästezimmer, das große Wohnzimmer hielt die Bibliothek besetzt, ich selbst besaß noch das kleine Schlafzimmer, in dem ich auch arbeitete, gegessen wurde in der Küche. Und als ich gerade fürchtete, jetzt den Namen Kurt hören zu müssen, der sich den Mittelpunkt seiner heruntergekommenen „Pfalzstube“ zu Willen gemacht hatte, kam aus dem Hörer ein Wort, das trotz des Flüstertons eine Wucht hatte, die mich buchstäblich zu Boden drückte: Christoph.

Dieser elende Gottsucher mit seinem schiefen Gesicht, dieser Nassauer und Schleimscheißer, dieser verfluchte Parasit an der großen Idee des Christentums, dieser Pharisäer und Bibelabdecker hatte es gewagt, sich die Frau auf der Treppe mit seinen Erlösungsphantasien gefügig zu machen, und Gott hatte es zugelassen.

Und, fragte ich, liebst du ihn?

Ich ging mit dem Professor die Aufsätze durch, schnitt hier etwas heraus und fügte es an anderer Stelle ein, auch wenn es nicht wirklich half, aber den größten Teil entfernten wir einfach und machten aus einem wissenschaftlichen Werk einen schlanken Essay, wenn dieser hohe Begriff überhaupt erlaubt war. Diese Kurzfassung testete der Zeitgeschichtler als Referat in der Sektion „Perspektiven einer zukünftigen Geschichtswissenschaft" und war über die positive Wirkung nicht einmal erstaunt. Zur Feier des Erfolgs spendierte er mir ein Glas Wein, das er, wie er ausdrücklich bemerkte, nicht vom Honorar abzuziehen gedachte.

Ich ging nach diesem Getränk zum Bahnhof, weil die Bahnhofsgaststätte wahrscheinlich der einzige Ort in Göttingen war, an dem keine Historiker anzutreffen waren. Einer Zeugin Jehovas kaufte ich ein Exemplar ihres Weltuntergangsblättchens ab, und als sie später selber in der Gaststätte auftauchte, lud ich sie zum Essen ein. Sie hieß Halina und kam, als gläubige Katholikin, vom Balkan. Ihre drei Kinder waren, wie sie sagte, aus Mangel an seelischem Gleichgewicht auf die schiefe Bahn geraten. Wir tranken zusammen eine Flasche Riesling und aßen Bockwurst, während sie das drohende Unwetter beschrieb, das demnächst über uns hereinbrechen würde. Sollte es doch nur kommen, dachte ich, und als Erster sollte Christoph daran glauben.

Mir fehlen die Worte, um das Ende der Tragödie mit der Unbefangenheit zu erzählen, die sie erträglich machen könnte. Ich wurde zu einem Schattensammler, zog ziellos die ganze Nacht durch die Göttinger Straßen, bis endlich der erste Zug fuhr, der mich ins Zentrum der Katastrophe bringen konnte.

Als ich zu Hause die Tür öffnete, bot sich mir auf einen Blick das dramatische Elend meiner Existenz. Der Hund war nicht da. Mit Helgas Abwesenheit hatte ich gerechnet, die Scham hatte sie ausziehen lassen, aber es ging über meine Vorstellungskraft, dass Helga und der Vater ihres Kindes im Handumdrehen das inzwischen doch angewachsene Hab und Gut des Engels fortgeschleppt hatten. Ihr Zimmer war leer, so leer und ausgefegt, als hätte es seit Jahren kein Mensch mehr bewohnt. In der Diele fehlte die Postkarte über der Ablage, eine Zeichnung des Paradieses von Botticelli, die ich ihr einmal geschenkt hatte, und auch der Katalog der Zeichnungen von Degas, eines der wenigen Bücher, das sie immer wieder anschauen konnte, weil sie die eigentümlich verrutschten Körper faszinierten, war nur noch als Lücke sichtbar. Sogar ihre Seife hatte sie mitgenommen. Wie nicht anders zu erwarten, war die Wohnung in einem Zustand der perfekten Aufgeräumtheit, nur Frau und Hund fehlten.

Nach drei Tagen kam wenigstens der Hund zurück. Ich hatte nach dem Klingeln die Tür geöffnet, und schon hörte ich den Hund die Treppe heraufhetzen, außer sich vor Freude. Keine Ahnung, wer ihn gebracht hatte.

Nach weiteren drei Tagen lag ein schwarz umrandeter Brief im Kasten. Ich spürte die Ängste meiner Kindheit aufsteigen, als auf diese postalische Weise die Nachricht vom Tod zuerst meiner Eltern und wenige Tage später der Tod meiner Großeltern mitgeteilt wurde, alle vier waren im Abstand von einer Woche verstorben.

Christoph hatte sich das Leben genommen, „von eigener Hand“, wie es hieß, unterschrieben war die Karte, in dieser Reihenfolge, von Kurt und Helga. „Wir werden Dich nicht vergessen“, hatten sie drucken lassen. Manche sterben, weil sie gelebt haben, andere, weil sie nicht gelebt haben. Wie seltsam, den Namen Helga auf einer Todesanzeige zu lesen.

Als ich später die Zeitung durchschaute, fand ich sogar einen Nachruf auf Christoph; seine bedeutenden Beiträge zur Theodizee wurden erwähnt, aber auch die durch ihn initiierte „Rote Zelle Theologie“, die in den Sechzigerjahren in kirchlichen und akademischen Kreisen Unruhe hervorgerufen hatte. Der Versuch, Gott mit aller Gewalt auf die Erde zu zerren, war so lächerlich wie dumm gewesen, und da der christliche Gott, anders als Buddha, nicht gerade für seinen Humor bekannt war, strafte er die aufsässigen Gefolgsleute mit Verachtung. Immerhin war die Gründung der „Roten Zelle Theologie“ dafür verantwortlich, dass Christophs Habilitationsarbeit zu Problemen der Theodizee aus politischen Gründen abgelehnt wurde. Maoismus und Theodizee, das war selbst für die damalige Wissenschaft zu viel.

Am Tag der Beerdigung – ich hatte mich, den Hund auf den Füßen, gerade wieder eingelesen in meine Arbeit – rief Kurt an, ob ich ein paar Worte am Grab sagen wolle. Nein, ich wollte nicht.

Aber ich ging mit dem Hund zur Beerdigung, obwohl Hunde auf dem Friedhof nicht gestattet waren. Um das Grab herum stand eine Handvoll Menschen. Ich sah Kurt und ein paar der unermüdlichen Trinker aus der „Pfalzstube“, auch der Dichter Ewald Hartmann war unter ihnen, der immer aussehen wollte wie Stefan George. Seine Nase war so spitz, dass ich einmal vor über dreißig Jahren in einer Rezension behauptet hatte, die Gedichte wirkten wie mit der Nasenspitze geschrieben, eine Anspielung auf Kafka, bei dem es irgendwo heißt, eine Frau mit nur noch einem Zahn im Mund sehe so aus, als würde sie mit diesem Zahn lachen. Das Werk Hartmanns bestand aus einem einzigen langen Gedicht, das er sein Leben lang umarbeitete, wodurch mit der Zeit der metaphysische Schwung, mit dem er begonnen hatte, aufgebraucht war. Er hatte buchstäblich nichts mehr zu sagen, war aber immer noch Dichter und konnte bei Kurt anschreiben lassen.

Weil der Hund an der Leine zerrte, hielt ich mich nicht auf. Von Helga war nichts zu sehen. Beim Herumschlendern traf ich Bekannte, die einen Filmregisseur beerdigt hatten, von dem ich glaubte, er sei längst verstorben. Wir hatten einmal zusammen ein Drehbuch geschrieben, mit dem wir den konventionellen Film aus den Angeln heben wollten, aber keine Förderung erhalten. Und ohne staatliche Förderung konnte man weder den Film noch die Gesellschaft aus den Angeln heben. Die Freunde wollten mich zu einem Leichenschmaus einladen, aber ich ging nicht mit. Leichenschmaus, was für ein schönes Wort, das die Krähen erfunden haben mussten.

Ich dachte über eine Bemerkung Kurts am Telefon nach, als ich es abgelehnt hatte, über Christoph zu reden. Du siehst ihn ganz falsch, hatte er gesagt, nachdem er sich meine Verwünschungen angehört hatte. Musste ich mir vorwerfen lassen, aus gewissenlosem Mangel an Gefühl für die Besonderheit dieses gescheiterten Theologen womöglich eine Mitschuld an seinem sogenannten Freitod zu haben? Nein. Wir alle haben damals eine Menge Blödsinn geschrieben, aber dass einer Gottes Souveränität anzweifelt, weil er nicht verhindert, was er hätte verhindern können, das war allein auf Christophs Mist gewachsen. Dem war er nicht gewachsen gewesen. Die damals einsetzende Sauferei hatte nichts mit mir zu tun. Und warum, in Gottes Namen, hatte er mir meinen Engel geraubt, dem er doch ebenso nicht gewachsen war?

Es war schön, dem Hund den Friedhof zu zeigen. Wir kamen an all den Gräbern vorbei, in denen Menschen lagen, die ich gekannt habe. Der da war ein Schriftsteller, sagte ich dem Hund, der nicht mehr geschrieben hat, wir haben einmal zusammen in einem Haus gelebt; der hier war ein Schauspieler, der im Fernsehen eine große Rolle spielte, aber als bekannt wurde, dass er Aids hatte, wurde er nicht mehr eingesetzt. Ein Bürgermeister, eine Kneipenbesitzerin, ein Kameramann. Eine Schauspielerin, die an zu großen Dosen Koks verstorben war. Irgendwann hatte ich den Eindruck, dass der Hund das Interesse an all den Toten verlor. Es gab für ihn, im Vergleich zu den Lebenden, zu viele Tote.

Also ging ich mit dem Hund nach Hause und fuhr fort, die Welt zu korrigieren und zu verbessern, so gut ich konnte.

So lebte ich hin.

Das Glasauge

Mein Großvater hatte nur ein Auge, das andere war aus Glas. Wenn der Rauch aus dem winzigen Öfchen, das unser Zimmer heizte, ihm zu schaffen machte, nahm er das Glasauge heraus und legte es vor sich auf den Tisch. Es kam mir immer so vor, als schaute es mich an, dabei war ich es doch, der das Glasauge anschaute.

Warum hast du ein Glasauge?, fragte ich den Großvater.

Weil ich damit nach innen sehen kann, sagte der Großvater, innen ist alles viel größer und reicher, als man denkt. Was genau er sah, wenn er nach innen blickte, erzählte er mir nicht, und da sein Auge sich zu einem Schlitz verengte, wenn das Glasauge vor ihm lag, konnte ich selber nicht nachschauen.

Mein Großvater wusste nicht mehr, warum er noch leben sollte. Er hatte sich ganz in seine Traurigkeit eingewickelt wie in einen Mantel.

Warum soll ich noch leben?, fragte er mich wieder und wieder, ich hatte keine Antwort. Lass den Jungen damit in Ruhe, sagte meine Großmutter, die solche Fragen töricht fand. Man lebte, weil man lebte. Aber mein Großvater gab keine Ruhe. Manchmal, wenn die Traurigkeit ihn ganz und gar gepackt hatte, nahm er mich in den Arm, dann weinten wir zusammen, das heißt, ich schluchzte und er weinte leise vor sich hin, und wenn ich bei diesem am Ende tröstlichen Ritual auf sein Glasauge blickte, sah ich zu meiner Beruhigung, dass es auch feucht war. Trotz seines Glasauges konnte mein Großvater also mit beiden Augen weinen.

Warum lebte man, und warum gab es einen Moment im Leben, da man nicht mehr leben wollte? Wenn wir drei beisammensaßen, mein Großvater, meine Großmutter und ich, wurde wenig gefragt. Nicht dass Fragen verboten gewesen wären. Aber es kam mir immer so vor, als wäre es den beiden Alten unangenehm, Antworten geben zu müssen. Wenn ich etwas fragte, sagte mein Großvater, statt eine Antwort zu versuchen, das ist eine schwierige Frage. Die Welt ist nun einmal so, wie sie ist, man kann sie auch durch Fragen nicht wirklich ändern. Man musste, ohne dass man gefragt wurde, selber Antworten finden. Was man mit diesen Antworten machte, blieb einem selbst überlassen. Also hatte ich es auch irgendwann aufgegeben, nach meinen Eltern zu fragen. Jeder Mensch auf der Welt hatte Eltern, ich hatte Großeltern, mehr war dazu nicht zu sagen.

Mein Großvater wollte also nicht mehr leben. Er hatte lang genug gelebt und offenbar etwas erlebt, das ihm die Freude am Leben verleidet hatte. Aber was? Mit der Großmutter und mir konnte es nicht zu tun haben, denn zu uns war er immer freundlich. Es musste etwas zu tun haben mit dem, was er sah, wenn er nach innen schaute. Wenn ich die Augen schloss und nach innen schaute, sah ich unser Dorf, die wenigen Tiere, die noch auf dem Hof lebten, den Hund, den Hohlweg, den Steinbruch, alle Wege, die ich mit dem Großvater entlanggegangen bin, die alten Obstbäume, die Drosseln und die Feldlerche, und natürlich sah ich überall den Großvater und die Großmutter, und ich wünschte mir, dass nichts davon je verschwände. Hinter einem dieser Dinge musste sich ein Geheimnis verbergen, das nur der Großvater sah und das ihm so zusetzte, dass er nicht mehr leben wollte.

Ich stand bei unserem Trauerritual zwischen den Knien meines Großvaters, der auf seinem Stuhl am Fenster saß, und umarmte ihn am Hals, sodass wir uns mit den Köpfen berührten, wie die Pferde. Da mein Großvater kein Geld hatte, konnte er sich nur einmal in der Woche rasieren, was dazu führte, dass es sechs Mal in der Woche kratzte, wenn ich ihn umarmte. Du musst dich rasieren, Großvater, sagte ich zu ihm, und er antwortete, das lohne sich nicht mehr. Doch, sagte ich, denn dann kratzt du nicht. Er war zu schwach, um mir die Zusammenhänge zu erklären. Seine innere Verlassenheit hatte so zugenommen, dass ich ihn in meiner Vorstellung durch leere Räume gehen sah, in denen selbst sein nach innen gerichtetes Auge nichts mehr sehen konnte. Er war leer. Während ich spürte, wie sich in mir das Leben regte und hinauswollte, saß mir ein leerer alter Mann gegenüber, der nichts mehr mit seinem Inneren anfangen konnte. Einmal sagte er zu mir, ich bleibe eigentlich nur deinetwegen noch auf der Welt, nicht einmal wegen der Großmutter, und ich musste ihm versprechen, ihr das nicht zu sagen. Ohne mich würde es sich nicht mehr lohnen. Die Großmutter verdächtigte er, Privatabsprachen mit Gott direkt gehalten zu haben, da wollte er sich nicht einmischen. Um die Großmutter, hieß das, würde sich Gott sorgen, blieb also nur ich.

Nichts lohnte sich mehr auf der Welt, wenn ich ihm glauben wollte. Fiel ihm ein Zahn aus, lohnte es sich nicht mehr, zum Zahnarzt in die Stadt zu fahren; wenn ihm die Großmutter die Joppe flicken wollte, lohnte es nicht der Mühe.

Das Einzige, was sich lohnte, um auf der Welt zu bleiben, war ich.

Manchmal, wenn er besonders trübsinnig aus dem Fenster schaute, fragte ich ihn, warum er so traurig war. Das hat mit Russland zu tun und mit Hitler, sagte er dann nach einer langen Pause, die so lang war, dass ich genug Zeit hatte, mir Russland vorzustellen, aber ich dürfe mit keinem darüber reden, weil er sonst ins Gefängnis komme. Auch nicht mit der Großmutter? Auch nicht mit der Großmutter, mit keinem Menschen. Warum das riesige Russland und Hitler, von dem manchmal die Rede war, für die Traurigkeit meines Großvaters verantwortlich sein sollten, erzählte er mir nicht. Hitler war für vieles verantwortlich, das hatte ich begriffen. Wie genau der kleine Mann, den ich von Fotos aus der Zeitung kannte, es geschafft hatte, für fast alles verantwortlich zu sein, blieb ein Rätsel. Und dann erklärte mir der Großvater anhand der dicken blauen Adern auf seinem Handrücken, wo Russland lag und wo überall in Russland er gewesen war: Das ist die Wolga, sagte er, und das der Dnjepr. In unserem Dorf gab es keinen Fluss, sodass ich mir gewaltige Vorstellungen von den russischen Flüssen machte. Großartige Flüsse!, sagte mein Großvater. Und schon saß ich mit ihm in einem wackligen Kahn, er am Steuer, ich mit einem Eimer in den eiskalten Händen, um das hereinbrechende Wasser zu schöpfen, der Feind in lärmenden Kanonenbooten hinter uns, wir hören ihre rauen kehligen Rufe, dass wir uns ergeben sollen, aber der Großvater reißt das Ruder herum und prescht stromaufwärts an ihnen vorbei, wir sehen ihre aufgerissenen Augen und Münder, die fahrigen Bewegungen ihrer Arme, und ehe sie zu ihren Gewehren greifen können, sind wir längst außer Sicht, in der dichten russischen Dunkelheit über dem großen Strom verschwunden.

In einem nahe gelegenen Steinbruch hatte ich, nur notdürftig versteckt, Gewehre gefunden. Ich ging oft in den Steinbruch, obwohl es verboten war, aber es gab keinen im Dorf, der aufpasste. Über den Steinbruch waren viele Gerüchte in Umlauf, dort war ein Widerstandsnest gewesen, hieß es, aber was das bedeuten sollte, darüber wurde nicht geredet. Das letzte Aufgebot hatte hier gekämpft, und wer nicht im Kampf gefallen war, wurde standrechtlich erschossen. Aber warum? Auch dafür war Hitler verantwortlich, der kleine Mann mit dem Schnauzbart und den akkurat geschnittenen Haaren. Die Gewehre rochen gut, ein seltsamer Geruch aus Maschinenöl und Kampfer. Ich fand sie unter einem zusammengebrochenen Holunderstrauch, vier Stück, wie neu. Warum hatte man so kostbare Gegenstände hier vergessen? Eines hatte ich mir umgehängt und war nach Hause gegangen, an allen Häusern im Dorf vorbei. Meine Großmutter fiel fast aus den Pantoffeln, mein Großvater wurde von einem Schütteln erfasst, als er das Gewehr in die Hand nahm. Russisch, sagte er, kyrillische Buchstaben! Hätte dich einer gesehen, wäre es schlimm geworden, aber die wenigen Menschen im Dorf waren auf den Feldern. Ich war noch nicht ganz fünf Jahre alt und hatte schon ein russisches Gewehr getragen.

Ich schlief mit meinen Großeltern in einem Bett, ich auf der Ritze, die Großmutter auf der Seite des Fensters. Beide hatten ein Glas Wasser für die Zähne auf ihren Nachttischen stehen, neben dem Glas der Großmutter lag noch die Bibel, eine illustrierte Ausgabe, in der die Geschichte der Juden in drastischen Bildern veranschaulicht war. Moses zum Beispiel, wie er mit einem Wink seiner Hand das Rote Meer teilte, damit das Volk der Juden mit trockenen Füßen passierten konnte. Damals konnten die Menschen noch nicht schwimmen, sagte mein Großvater, deshalb musste Moses eingreifen. Ich selbst konnte auch noch nicht schwimmen, aber im Dorf gab es keinen Moses, der dem Wasser des Weihers befahl, einen Weg freizumachen. Einmal war ich mit dem Schlitten den Hang zum Weiher hinuntergefahren und eingebrochen, wobei ich mir einen tiefen Riss über dem Auge zuzog. Ich musste mich selber befreien, weil keiner mich rettete. Blutend und nass kam ich nach Hause, und die Großmutter legte sich im Bett neben mich, um mich aufzuwärmen, und las mir aus der Bibel vor. Es war für mich unfassbar, was das Volk der Juden alles zu erleiden hatte. Alle Qualen, die Gott ihnen aus welchen Gründen auch immer auferlegt hatte, waren abgebildet, ich litt also zweimal mit ihnen mit. Die physische Erregung, die mich bei der Betrachtung der Bilder ergriff, bestärkte mich in der Vorstellung, dass es übernatürliche Kräfte geben musste, die mit unserer ärmlichen Welt nichts zu tun hatten. Vor allem aber: Es gab eine Welt außerhalb unseres Dorfes. Es gab Russland und es gab Berlin, wo meine Eltern wohnten, und dazwischen die fünf Erdteile, auf denen die Juden sich inzwischen niedergelassen hatten. Dass sie das warme, trockene Land am Toten Meer verlassen hatten, kam mir merkwürdig vor, und die Erklärung meiner Großmutter, Christus habe sie in die Welt geschickt, konnte mich auch nicht überzeugen. Christus konnte doch aus Wasser Wein machen, und von einem Brot konnte eine ganze Gesellschaft satt werden, warum hatte er seine Wunder nicht dort wiederholt, wo er aufgewachsen war? Die Jünger, deren Namen ich auswendig kannte und deren Gesichter ich mir eingeprägt hatte, sollten überall auf der Welt das Evangelium verkünden, sagte meine Großmutter, und weil sie es getan haben, stehen auch wir jetzt unter Gottes Schutz. Wenn Gott seine Hand nicht über dich gehalten hätte, wärest du vorhin ertrunken, so einfach ist das. Wenn man es nur glauben könnte!

Das Zimmer, in dem wir drei wohnten, war gerade so groß, dass neben dem Bett nur noch Platz war für eine Art Truhe, in der die Kleider aufbewahrt wurden, und den Tisch mit den drei Stühlen, von denen der des Großvaters mit braunem verblichenem Samt gepolstert war. Der Samt roch so gut! Wenn der Großvater aus dem Fenster schaute, strich ich mit der Nase über den Samt der Armlehnen und atmete tief ein, um alle Feinheiten auszukosten, die sich in diesem abgeschabten weichen Material verbargen. Samt! Schon das Wort allein roch gut, wie Zimt. Meine Großmutter hatte ein Gläschen mit Zimtstangen gerettet, die so wertvoll waren, dass wir sie nie verwendeten, sondern nur daran rochen. Eines Tages, wenn es wieder Reis gäbe, würden die Zimtstangen zum Einsatz kommen, hieß es, aber wann das war, blieb wie so vieles andere unklar. Eines Tages, wie oft hatte ich diese Formulierung gehört.

Neben dem Fenster hing an einem Nagel ein Farbdruck, den ich, wenn schlechtes Wetter war, oft stundenlang anschaute. Er zeigte eine ansteigende Landschaft, in deren Hintergrund sich, auf einem Berg, eine große Stadt ausbreitete, bewehrt mit Türmen, die wie der zerschossene Wasserturm aussahen, der sich vor unserem Dorf befand. Die Stadt war das befreite Jerusalem. Wie um die Stadt zu sichern, hatte der Maler eine Doppelreihe kugelrunder Bäume gemalt, die sie einrahmten. Im Vordergrund standen zwei Schäfer in eigentümlicher Haltung, der eine war in ein rotes Tuch gehüllt, der andere hatte ein gelbes Wams an, und rechts vorne saß ein Mann im blauen Kittel, ein Buch auf dem Schoß und auf dem Kopf einen roten Hut, der auf die Schäfer zeigte, die ihrerseits zwölf Schafe und eine Ziege bewachten, die allesamt aber so friedlich aussahen, dass man sie eigentlich gar nicht bewachen musste. Wenn ich den Blick von diesem das Herz aufreißenden Bild weg und aus dem danebenliegenden Fenster schweifen ließ, wurde mir hundeelend zumute, wenn ich auch keine Worte für mein Elend fand. Der Unterschied zwischen dem, was möglich war, und dem, was sich mir auf dem Hof zeigte, war so groß und eindeutig, dass es keiner weiteren Worte bedurfte. Der Maler hatte das Paradies gemalt, unser Hof war, wie es der Großvater ausdrückte, zur Hölle geworden. Wo auf dem Bild die Schafe weideten, standen auf dem Hof zerbrochene Leiterwagen und verrostete Erntemaschinen herum, die keiner zu reparieren gedachte, und neben dem Misthaufen hatte man den Schlachtplatz eingerichtet, auf dem auf brutalste Weise die Schweine erstochen und zum Entbluten aufgehängt wurden. Das entsetzte Quieken der Schweine brachte den Großvater zur Verzweiflung. Man sollte sie selber so behandeln, die Schweine!, rief er, und die Großmutter brummelte, er solle sich vor dem Kind zurückhalten. Das Kind war ich.

Da will ich einmal mit euch leben, sagte ich zu den Großeltern und zeigte auf die schön gestaffelte Stadt im Hintergrund des Bildes, und meine Großmutter zog die verblassten Gardinen vors Fenster, damit wir alle drei das Bild bestaunen konnten. Das befreite Jerusalem!

Und was willst du einmal werden?, fragte der Großvater.

Ich will werden, was du einmal warst, sagte ich.

Zwischen der Truhe und dem Tisch stand ein dreiteiliger Wandschirm, das kostbarste Stück unseres mehr für Zwerge als für normale Menschen eingerichteten Zimmers. Er bestand, wie mein Großvater bei jeder sich bietenden Gelegenheit zu betonen pflegte, aus einem Rahmen aus feinstem Kirschholz und war mit besticktem Leinen bespannt. Abgebildet waren die sonderbarsten Vögel, die in einer Art von Dschungel auf Palmen saßen oder an Lianen hingen, in einer Welt, die in meiner Phantasie eher an die von Moses erinnerte als an die Welt des Bauernhofes, auf dem wir lebten. Da mein Großvater ein begabter Vogelstimmenimitator war, brauchte ich nur auf einen der Vögel zu zeigen, um ihn zu einem anhaltenden Gezwitscher anzuregen. Und im Sommer, wenn das Fenster offen stand und die Vögel draußen zu hören waren, führte er ganze Theaterstücke in Vogelsprache auf, in denen es darum ging, dass sich die Vögel auf dem Wandschirm Kostüme angezogen hatten und so taten, als kämen sie aus fernen Ländern, von denen sie die unwahrscheinlichsten Geschichten erzählten – in Wahrheit aber versteckte sich unter den Federn des Papageis ein ganz normaler Sperling und unter dem Kleid des Tukans nichts anderes als eine Singdrossel. Der Sperling konnte wie ein Papagei reden und die Drossel wie ein Tukan schnarren, mit diesen unerhörten Fähigkeiten musste ich zurechtkommen, nachdem ich gelernt hatte, dass es den Papagei in Wirklichkeit, aber einer ganz anderen Wirklichkeit, tatsächlich gibt und der Tukan nicht ausschließlich in der Phantasie des Wandschirmkünstlers existiert. Auf diese Weise wurde ich zu Columbus, der die neue Welt entdeckt, Amerika, Asien, Afrika und das mich besonders anziehende Australien, von dem der Papagei erzählte, dass dort die Tiere ihre Kinder in Beuteln vor dem Bauch trügen. Europa wurde immer blasser. Europa war unser Dorf, Europa waren die schrecklichen Geschichten, die mein Großvater in Russland erlebt hatte, in der Sowjetunion, wie ich Russland außerhalb unseres Zimmers immer nennen sollte, „um nicht aufzufallen", Europa war der Mangel an Schokolade und die Abwesenheit von Zimt und Zitronen, die in anderen Erdteilen zu jedermanns Verfügung an den Straßenbäumen hingen, Europa war auch die himmelschreiende Ungerechtigkeit, dass meinem Großvater der Hof weggenommen worden war, unter dessen Dach wir nun in einem winzigen Zimmer wohnen „durften".

Das hieß zum Beispiel, dass wir keinen Zugang mehr hatten zu dem ehemaligen Badezimmer der Großeltern im Parterre, worunter die Großmutter besonders litt. Nicht nur das heiße Wasser aus dem Boiler war uns nicht mehr zugänglich, ein Umstand, der uns zwang, uns in einer Schüssel zu waschen. Das Wasser musste ich in einer ausrangierten Milchkanne die Stiege hochschleppen. Die Schüssel, in der wir uns wuschen, war aus Email, ein Wort, das ich liebte. Es war eines der wenigen Wörter, die nur bei uns vorkamen, Email und Plumeau, obwohl die Dinge, die sie meinten, alles andere als kostbar waren. Das Plumeau war ein verdicktes, schweres Federbett, und das Email war am Boden der Schüssel abgeplatzt und hatte eine seltsame Zeichnung zurückgelassen. War ich erkältet, musste ich mich, ein Handtuch über dem Kopf, über eine heiße Kräutermischung beugen und konnte so lange und intensiv das Muster betrachten, einen an manchen Stellen zackigen, dann wieder runden Klecks, der immer dann, wenn ein Schweißtropfen ins Wasser fiel, sich veränderte, um nach wenigen Sekunden zur alten Form zurückzufinden. Alle Vorgänge aus der Bibel, wie sie mir die Großmutter vorgelesen hatte, konnte ich in diesem unansehnlichen Klecks wiedererkennen, und wenn ich manchmal von der Hitze unter dem Tuch ganz benebelt war, traten die Jünger aus dem Wasser auf mich zu und luden mich ein, an ihrem großen Tisch mit ihnen zu essen.

Was macht der Junge so lange unter dem Tuch, fragte der Großvater, wenn ich gar nicht mehr auftauchen wollte. Er wird gesund, sagte die Großmutter.

Wir durften auch nicht mehr die Toilette benutzen, was für den Großvater eine Katastrophe war, weil er nur schwer das Wasser halten konnte und nachts in einen Topf pinkeln musste, was häufig zu Überschwemmungen und am nächsten Morgen zu langem Klagen und Schuldeingeständnissen führte. Für beide war es eine Demütigung, dass sie ihr Geschäft in einem Plumpsklo im Gemüsegarten verrichten mussten, was mir wiederum, wenn nicht gerade eisiger Winter war, nicht viel ausmachte – ich hatte es, besonders im Frühjahr, gerne, auf dem abgewetzten Holz zu sitzen und mir Geschichten über die Hölle auszudenken, die direkt unter mir ihren Eingang hatte und in die ich alle verstoßen würde, die meinen Großvater beleidigten. Es ist ja nicht an sich schlimm, auf einem Plumpsklo zu sitzen, sondern nur für den, der schon einmal eine Toilette mit Wasserspülung benutzt hat.

Ich war mir nicht ganz sicher, ob auch Adelheid zur Hölle fahren sollte. Adelheid war die Tochter des von der sowjetischen Besatzungsmacht eingesetzten Verwalters, von dem der Großvater behauptete – „aber nicht weitersagen!“ –, dass er von nichts etwas verstand, aber ganz gewiss nichts von der Landwirtschaft. Er saß mit seinen Kumpanen in unserem ehemaligen Wohnzimmer und trank mit ihnen Wodka aus dem Meißner Porzellan meiner Großmutter, und wenn die aufs Klo mussten, gingen sie ins Badezimmer meiner Großeltern und saßen auf der Porzellanschüssel, so lange es ihnen beliebte.

Wenn ich Wasser holen musste, traf ich Adelheid oft auf der Treppe, als würde sie dort auf mich warten. Komm, ich zeig dir was, sagte sie dann und führte mich in das Zimmer, in dem die Kleider meiner Großmutter auf Bügeln in unförmigen Schränken hingen. Sie zog sich ihr verdrecktes Kleid aus und eines der Großmutter an, und in der Zeit zwischen An- und Ausziehen durfte ich sie anschauen. Viel war eigentlich nicht zu sehen, aber doch genug, um mich ahnen zu lassen, dass es neben den mir bekannten Kontinenten noch einen weiteren gab, den es zu erforschen lohnte. Anfassen durfte ich sie nicht, obwohl sie mich ständig dazu herausforderte, hier einen Reißverschluss hochzuziehen oder da ein paar Häkchen zu schließen, und einmal hatte sie sich ein unförmiges Korsett meiner Großmutter umgeschnallt, das dermaßen schwierig zu schließen war, dass sie sich auf das Sofa legen musste, damit ich tätig werden konnte. Da lag sie nun nackt vor mir wie ein frisch geborenes Kälbchen, und mir schnürte die Angst die Kehle zu, weil ich auf ihr kniete, um die vermaledeiten Ösen zu finden, und ausschließlich daran denken musste, dass die Tür aufgeht und Adelheids Mutter mit ansehen muss, wie der Enkel der enteigneten Gutsbesitzer schweißnass auf dem Rücken ihrer Tochter saß. Aber die Mutter kam nicht. Und als ich endlich Adelheid das Korsett wieder abgerissen hatte, sagte sie zu mir, ich dürfe jetzt gehen. Meine Großmutter erwartete mich schon sehnsüchtig oben auf dem Treppenabsatz in ihrem Unterkleid, das sie beim Waschen anbehielt. Anders als bei Adelheid waren bei der Großmutter alle Geheimnisse des menschlichen Körpers verhüllt.

Als ich einmal mit meiner Kanne auf der Treppe stand und Atem holte, rief mich der neue Verwalter in das ehemalige Wohnzimmer meiner Großeltern. Er lag mit seinen dreckigen Arbeitsschuhen auf dem guten Sofa, halbnackt, eine Flasche Wodka in der Hand, und unterhielt sich mit seinen beiden Arbeitern, die früher Arbeiter bei meinem Großvater gewesen waren. Der eine saß auf dem Nussholzbuffet und ließ die Beine gegen das Holz knallen, der andere, ein Kommunist, wie mein Großvater später sagte, lümmelte in dem großen Ohrensessel, der am Fenster stand. Was sagt dein Großvater über mich, fragte der Verwalter. Wir reden nie über dich, log ich, wirklich. Wenn du lügst, ziehen wir dir das Fell über die Ohren, sagte der Kommunist, wie einem Kaninchen, und der andere Arbeiter, der auf dem Buffet saß, musste so laut lachen, dass ihm der Rotz aus der Nase kam, den er an dem Deckchen auf dem Buffet abstrich. Dein Großvater ist ein Volksverräter, sagte er, und ich sah, dass er kaum noch einen Zahn im Mund hatte. Frag deinen Großvater, was er über mich denkt, sagte der Verwalter, und dann kommst du her und erzählst es mir. Während er sprach, schnitt er sich mit einem Taschenmesser von einer Wurst große Stücke ab, die er sich ungeteilt und mit Pelle in den Mund schob; dann leckte er das Messer mit seiner Zunge ab und hieb es in den Wohnzimmertisch, wo es zitternd stehen blieb. Ich hatte noch nie eine so große Wurst gesehen.

Meine Großmutter war sehr gläubig. Da sie nicht mehr in ihre eigene Kirche gehen konnte, die inzwischen als Lager für Ackergeräte benutzt wurde – eine Entweihung, die diese resolute Frau nur mit letzter Beherrschung zu ertragen wusste –, wurde unser Zimmer auch als Kirche benutzt. Wir hatten ja sowieso nichts zu tun. Am Sonntag saßen wir zu dritt am Tisch und sangen Kirchenlieder, das heißt, sie sang, der Großvater brummte die Bassstimme dazu, und ich bewegte die Lippen. Vor und nach dem Gesang wurde gebetet. Wenn es zu der Stelle kam: Und gib uns unser täglich Brot heute, schaute ich heimlich den Großvater an, der wiederum bekümmert und traurig den leeren Brotkorb anschaute. Eine unheimliche Feierlichkeit beherrschte diese Szene, unheimlich, weil wir ständig für etwas dankbar sein sollten, das es nicht gab. Wie soll man aber an einen Gott glauben, der sich dermaßen zurückhaltend, ja: geizig verhält? Unsere Kirche hielt eine schwere Prüfung für mich bereit.

Neben diesen offiziellen Feierlichkeiten gab es aber noch eine andere religiöse Praxis, die um vieles verstörender war. Sie fand nachts, außerhalb der Öffentlichkeit, statt. Ich musste immer als Erster ins Bett, verabschiedet mit Küssen und Umarmungen, als ginge ich für Jahre ins Ausland und als wäre es fraglich, ob ich je wieder zurückkommen würde. Natürlich schlief ich nicht sofort ein, sondern lauschte den Stimmen der zwei Alten, die ihre Sorgen, mit denen sie mich tagsüber nicht belasten wollten, austauschten. Von meinen Eltern war gelegentlich die Rede, von Schwierigkeiten, genügend Essen zu besorgen, von Prozessen, die der Großvater anstrengen wollte, die ihm von der Großmutter aber wieder ausgeredet wurden, von der amerikanischen Zone, von vermissten und toten Verwandten und natürlich von der Sauwirtschaft, die den Hof ruinierte. Gelegentlich schaltete der Großvater den Volksempfänger ein, um Nachrichten zu hören, was allerdings zu einer immer größer werdenden

Hoffnungslosigkeit führte. Für die Welt, wie sie in den Nachrichten geschildert wurde, war dieser Raum nicht geschaffen. Mit stets denselben Worten: Ich gehe jetzt schlafen!, kam er hinter den Wandschirm auf meine Seite, zog sich ächzend die Hosen aus und legte sich, nachdem die Zähne mit einem Gurgeln ins Wasserglas gefallen waren, in Hemd und Unterbekleidung ins Bett. Meine Großmutter legte ihre Patience zu Ende, mit Altenburger Spielkarten, die nun auch, laut Großvater, kommunistisch geworden waren, und blieb dann noch so lange sitzen, bis das tiefe, archaische Schnarchen des Großvaters zu hören war, mit dem er sich von der ungerechten Welt der Sichtbarkeit verabschiedete. In dieser Sekunde kam auch die Großmutter auf unsere Seite, zog ihr Kleid aus und ihr Nachthemd an, zog sich ein paar Klammern aus den dünnen Haaren, die sie dann ein paarmal durchbürstete, übergab ihrerseits die Zähne dem Wasserglas und glitt unter das Plumeau, immer bedacht, dass sie keinen von „ihren Männern" aufweckte.

Und dann begann die Séance, bei der mein Herz manchmal so laut zu pochen begann, dass ich Angst hatte, sie könnte es hören. Sie fing damit an, dass sie den „in diesen schweren Zeiten" vielbeschäftigten Gott mit freundlichen Worten bat, ihr ein wenig Aufmerksamkeit zu schenken, denn sie habe ihm einiges von großer Wichtigkeit mitzuteilen. Wenn sie sicher war, dass er ihr zuhörte – und ich war mir sicher, dass er ihrer werbenden Stimme sich nicht entziehen konnte –, begann sie plötzlich und unvermittelt, mit ihm „ein Hühnchen zu rupfen", das heißt, sie machte ihm die bittersten Vorwürfe, zischelte Anklagen und Verwünschungen, bis ihr selbst die Stimme brach und sie wieder in den zärtlichen Tonfall verfiel, mit dem sie begonnen hatte. Mit einem Wort: Gott solle sich anstrengen, sonst würde er mit ihr eine seiner treuesten Anhängerinnen verlieren. Um ihn zu versöhnen, fügte sie stets einen Schlusssatz an, der mir buchstäblich das Blut in den Adern stocken ließ: Ich danke dir, flüsterte sie, dass du uns diesen Enkel geschenkt hast, das werden wir dir nie vergessen!

Manchmal hatte ich das Gefühl, Gott würde sich diese Behandlung nicht gefallen lassen, und hatte Angst, besonders bei offenem Fenster, dass er persönlich erscheinen werde, um der Großmutter die Leviten zu lesen, ein Ausdruck, den der Großvater gerne gebrauchte, wenn ihn zwischen zwei Traurigkeiten die Wut packte. Aber Gott erschien nicht, Leviten wurden nicht gelesen, und irgendwann müssen wir wohl alle eingeschlafen sein.

Besuch erhielten wir nicht, mit zwei Ausnahmen. Manchmal kam der Hund vorbei, der den Großvater noch von früher kannte. Er war so alt, dass es eine Ewigkeit dauerte, bis er japsend die Treppe zu uns geschafft hatte. Traf er jemanden auf der Treppe, erhielt er einen Tritt, aber er war sogar zu alt zum Bellen; er geht zum Klassenfeind, sagte der Verwalter, wenn er das Tier die Stufen hinaufkriechen sah, da kriegt er schöne Koteletts, aber der Hund war so schwach, dass er sich nicht einmal mehr ein Kotelett vorstellen konnte. Er kratzte an der Tür, wurde hereingelassen und empfangen wie ein alter König und fiel mehr oder weniger sofort um. Da lag er nun, schaute aus seinen alten Augen auf den Großvater und hörte sich dessen Erzählung der Abenteuer an, die sie zusammen erlebt hatten. Sie waren sehr alte Freunde. Ich lag neben dem Hund auf dem Boden, mein Kopf auf seinem Bauch, weil ich sein Herz hören wollte, und war mir manchmal nicht sicher, ob er den Großvater verstand.

Der andere Besucher war ein Pole, der, wie meine Großmutter sagte, den Verstand verloren hatte. Er arbeitete früher für den Großvater und lebte jetzt im Wald, was man daran erkennen konnte, dass seine Haut an den Händen und im Gesicht blutig zerkratzt war. Er geht wie ein Heiliger durch die Brombeerhecken, sagte die Großmutter, die ihn mit Kräutertinkturen behandelte. Er kam nur dann, wenn er sicher sein konnte, dass keiner ihn sah, stand plötzlich, blutüberströmt, im Zimmer, am ganzen Leibe zitternd, wurde behandelt und saß dann ein paar Stunden stocksteif auf meinem Stuhl, ohne ein Wort zu sagen, bis er sich wieder trollte. Er brachte uns Pilze mit, die er in sein Schnupftuch gewickelt hatte, und seltene Beeren. Du musst sehr lieb zu ihm sein, sagte die Großmutter, und weil ich nicht wusste, was ich tun sollte, stellte ich mich hinter ihn und legte ihm die Hand auf die Schulter.

Das Erste, was der Großvater morgens tat: eine Pfeife rauchen. Hinter seinem Stuhl hing an der Wand stets eine Anzahl brauner Blätter, die ihm einer der wenigen verbliebenen Freunde schenkte. Er zog sich mit einem Ruck eines davon ab wie ein Kalenderblatt und schnitt es mit dem Messer, das ihm auch zum Essen diente, in winzige Stücke, die er mit Spucke zusammenknüllte, bis sie in den Pfeifenkopf passten. Wenn ich im Winter vom Hof aus zu unserem Fenster hochblickte, sah ich nur eine milchige Scheibe. Da es in unserem Zimmer immer zu kalt war, wurde das Fenster selten geöffnet. Der Rauch setzte sich fest, vor allem im Bettzeug und in den Kleidern, was der Großmutter gegen den Strich ging, aber sie war machtlos. Die Pfeife war Großvaters Anker im Leben, hätte man ihm das Rauchen verboten, wäre er auf der Stelle gestorben.

Wenn das Wetter mitspielte, gingen wir auf „Nahrungssuche“, wie der Großvater sich ausdrückte. Er war bis zur Enteignung der „Kartoffelbeauftragte“ des Landkreises gewesen, eine weithin geachtete Kapazität, die wegen der besonderen Beschaffenheit der Böden ständig um Rat befragt wurde. Er war ein Kartoffelweiser, der jede Knolle mit nie nachlassender Geduld beschreiben konnte. Er brach sie mit den Daumen entzwei, leckte an der Bruchstelle und begann seinen gelehrten Vortrag, der oft in die Geschichte der Kartoffel ausuferte. Er sprach so enthusiastisch, als hätte er sie selber in Amerika entdeckt und gezüchtet. Er schwärmte von süßen Kartoffeln, die nach Marzipan schmeckten, und von mehligen für die Tiere, von der Salzkartoffel und von hundert Möglichkeiten, Kartoffelbrei herzustellen. Die Vorstellung, dass die Kartoffeln in unserer Gegend wegen der Misswirtschaft nicht zu ihrer vollen Größe und zu ihrem einzigartigen Geschmack heranreifen würden, machte ihn so traurig, dass er manchmal, die zerbrochene Frucht in der Hand, sprachlos wurde, stumm, und ich ihn anstupsen musste, damit er aus seinem Kartoffelhimmel wieder in die Realität zurückfände. Wir wissen gar nichts von der Welt, sagte er manchmal, das ist gut und schlecht; wenn wir alles wüssten, könnten wir nicht leben, war seine Überzeugung; wenn wir aber zum Beispiel nichts über Kartoffeln wüssten, wären wir arm dran.

Mein Großvater war aber auch ein Experte für Kräuter und Beeren, Pilze und Nutzpflanzen. Gingen wir auf Nahrungssuche, kehrten wir stets mit einem großen Beutel voller Esswaren zurück, die dann sortiert und geschnitten, gewaschen und getrocknet werden mussten. Bucheckern, Haselnüsse, Brombeeren und Holunder, junge Brennnesseln, tausend verschiedene Kräuter, Kamille, wilder Hafer und wilder Lauch, Feldblumen, aus denen er sich Tee kochte oder Umschläge für seine müden Knochen zubereitete, eigentlich war fast alles verwendbar, wenn man wusste, wie man es zu sich nehmen sollte. Aus den Stempeln der Sumpfdotterblume machte er Kapern und aus angeblich ungenießbaren Pilzen zauberte er ein Ragout, das es verdient hätte, auf den Speisekarten der besten Restaurants der Welt zu stehen.

Kamen wir auf unseren Wanderungen an kleineren Höfen oder Häusern vorbei, wurden wir oft hereingebeten, in die Küche oder sogar in die gute Stube. Ich war erstaunt, mit welcher Achtung man ihm begegnete, der auf seinem ehemaligen Hof kaum gegrüßt wurde. Oft wurde er wie ein Held behandelt, aber nicht wie ein Kartoffelheld, sondern als ein ganz Großer.

Ich verstand nichts von dem, worüber die Erwachsenen sprachen, nur einzelne Wörter spukten in meinem Kopf herum und machten sich selbständig und wuchsen sich zu phantastischen Geschichten aus, in denen der Großvater der Held Sachsens war, der mit nur einem Auge das Land gegen die Russen verteidigt hatte.

Auf dem Nachhauseweg durfte ich die Tüten aus altem Zeitungspapier öffnen, die uns mitgegeben worden waren. Manchmal war ein Ei darin und etwas Speck oder sogar ein Stück Kuchen, ein andermal ein Töpfchen Marmelade oder eine dicke Senfgurke. Für mich waren das Opfergaben, die dem bedeutenden Großvater dargebracht wurden.

Zu Hause fragte ich die Großmutter, warum der Großvater als Held verehrt wird und warum er Opfergaben erhält.

Und die Großmutter antwortete lakonisch: Was für einen Bären hat er dir jetzt wieder aufgebunden?

Also ging ich zum Großvater und fragte ihn: Warst du ein Held, Großvater?

Er hatte seine übel riechende Pfeife in der Hand, aus der ein zäher, dunkler Rauch aufstieg, der ihn fast vollständig einhüllte. Ich stand direkt vor ihm und versuchte, durch sein Glasauge in ihn hineinzuschauen. Er sagte nichts. Blickte mich lange an und schwieg. Ein beruhigendes Schweigen. Keiner von uns hatte bemerkt, dass die ärmliche Gardine Feuer gefangen hatte und in glühenden Fetzen auf die Schultern des Großvaters und auf den braunen Samt seines Stuhls fielen, bevor sie auf den Flickerlteppich segelten, der Fensterrahmen stand schon in Flammen, die Scheiben barsten und fielen klirrend in die Stube, in der nun auch die Kleidertruhe, der Wandschirm und das Bett brannten, die Vögel aus dem Wandschirm suchten mit angesengtem Gefieder schreiend durch das offene Fenster zu entkommen, nun hatten die Flammen auch das Kleid der Großmutter erreicht, die aufrecht wie eine lebensgroße Fackel in der Mitte der Stube stand, ihre Haare ein Flammenkranz, die brennende Bibel in der ausgestreckten Hand.

Es war totenstill.

Meine Kindheit war zu Ende.

Ich möchte mich bei meiner Lektorin, Dorothea Zanon, bedanken. Sie hat diesen Band angeregt und mit unermüdlicher Begeisterung begleitet. Er ist ihr gewidmet.

Danken möchte ich auch dem Wissenschaftskolleg zu Berlin, in dem ich im Frühjahr 2015 drei Monate lang in Ruhe an meinen Erzählungen arbeiten durfte.

Inhalt